COMPRENDIENDO A
tu hijo
discapacitado

Colección Clínica Tavistock

DIRIGIDA POR ELSIE OSBORNE

LISA MILLER	*Comprendiendo a tu bebé*
DEBORAH STEINER	*Comprendiendo a tu hijo de 1 año*
SUSAN REID	*Comprendiendo a tu hijo de 2 años*
JUDITH TROWELL	*Comprendiendo a tu hijo de 3 años*
LISA MILLER	*Comprendiendo a tu hijo de 4 años*
LESLEY HOLDITCH	*Comprendiendo a tu hijo de 5 años*
DEBORAH STEINER	*Comprendiendo a tu hijo de 6 años*
ELSIE OSBORNE	*Comprendiendo a tu hijo de 7 años*
LISA MILLER	*Comprendiendo a tu hijo de 8 años*
DORA LUSH	*Comprendiendo a tu hijo de 9 años*
JONATHAN BRADLEY	*Comprendiendo a tu hijo de 10 años*
EILEEN ORFORD	*Comprendiendo a tu hijo de 11 años*
MARGOT WADDELL	*Comprendiendo a tu hijo de 12 a 14 años. La adolescencia, 1*
JONATHAN BRADLEY Y HÉLÈNE DUBINSKY	*Comprendiendo a tu hijo de 15 a 17 años. La adolescencia, 2*
BETA COPLEY Y GIANNA WILLIAMS	*Comprendiendo a tu hijo de 18 a 20 años. La adolescencia, 3*
VALERIE SINASON	*Comprendiendo a tu hijo discapacitado*

Valerie Sinason
DE LA CLÍNICA TAVISTOCK

COMPRENDIENDO A
tu hijo discapacitado

PAIDÓS

Barcelona
Buenos Aires
México

Título original: *Understanding Your Handicapped Child*
Publicado en inglés por Rosendale Press Ltd., Londres

Traducción de Fernando Cardenal Alcántara

Cubierta de Mario Eskenazi

1ª edición, 1998

© 1994 by The Tavistock Clinic, Londres
© de todas las ediciones en castellano,
   Ediciones Paidós Ibérica, S. A.,
   Mariano Cubí, 92 – 08021 Barcelona,
   y Editorial Paidós, SAICF,
   Defensa, 599 – Buenos Aires

ISBN: 84-493-0622-1
Depósito legal: B-42.543/1998

Impreso en Gràfiques 92, S. A.,
Av. Can Sucarrats, 91 - 08191 Rubí (Barcelona)

Impreso en España – Printed in Spain

La clínica Tavistock, de Londres, fue fundada en 1920 para asistir a personas cuyas vidas habían quedado maltrechas a consecuencia de la Primera Guerra Mundial. Hoy sigue dedicada a entender las necesidades de las personas, aunque está claro que los tiempos y la gente han cambiado. La clínica sigue trabajando con adultos y con adolescentes pero, además, hoy tiene un gran departamento dedicado a los niños y a las familias. El departamento presta ayuda a padres amedrentados ante el desafío que representa la crianza de sus hijos, lo cual le ha dado una gran experiencia en niños de todas las edades. La clínica está decididamente a favor de intervenir lo antes posible en todos los problemas que inevitablemente surgen a medida que los niños crecen, y opina que, cuando los problemas se afrontan a tiempo, las personas más indicadas para resolverlos y ayudar a los niños son los mismos padres.

El personal profesional de la clínica está encantado de haber podido colaborar en esta serie de libros que describen el desarrollo ordinario del niño, y de haber podido así ayudar a señalar las dificultades que a veces se presentan y el importante papel que los padres están llamados a desempeñar.

LA AUTORA

Valerie Sinason es especialista en psicoterapia del Departamento del Niño y la Familia de la Clínica Tavistock, y coordinadora de psicoterapia del taller de discapacidad mental de la misma institución. Es una apreciada poetisa y escribe asiduamente sobre temas de salud mental en el periódico *The Guardian*. Es autora del libro *Mental Handicap and the Human Condition*. Está casada y tiene dos hijos.

SUMARIO

Página

ADVERTENCIA SOBRE EL SIGNIFICADO
DE ALGUNAS PALABRAS   13

INTRODUCCIÓN   17

1. EMBARAZO Y TEMOR A TENER UN HIJO
   ANORMAL   25
«Si todo va bien» — «No quiero oír hablar de eso» — Estar preparado
para toda eventualidad — El factor suerte — Crear los recursos necesarios — Parto prematuro, aborto y discapacidad

2. EL HIJO MINUSVÁLIDO   35
El nacimiento es un acontecimiento público — «Sabía que había algo
anormal» — Vergüenza — Tensiones entre los esposos — Tensiones
en la vida sexual — ¿Tener otro hijo? — Cuando no se ve la luz

3. CUESTIONES DE LA VIDA DIARIA   47
Sobreprotección — Pretender que la discapacidad no existe — Echar
la culpa a la discapacidad — Los hermanos — Juguetes y regalos —
Los libros — El juego — Trastornos del sueño — Conducta sexual
inadecuada — Gestos repetitivos

4. ALGUNAS DISCAPACIDADES ESPECÍFICAS   63
La ceguera en el bebé y en el niño que empieza a andar — El niño cie-
go — El niño ciego y la escuela — Educación sexual — Bebés sordos
— Síndrome de Down — Autismo — Discapacidades físicas

5. ACTUACIONES MÉDICAS   77
Operaciones — Sentir dolor — ¿Por la apariencia o por necesidad?

6. LA ESCUELA   81
Elegir entre integración y segregación — El psicopedagogo

7. EL HIJO DE EDAD ADULTA   87
Independencia — Abuelos y padres — Sexualidad

8. CONCLUSIÓN   93
Advertencias finales

BIBLIOGRAFÍA   95

ADVERTENCIA SOBRE
EL SIGNIFICADO
DE ALGUNAS PALABRAS

En todos los países las palabras que se utilizan para describir las discapacidades físicas y mentales cambian cada pocos años, lo cual hace que los padres, los profesionales y las propias personas minusválidas lleguen a encontrar verdaderamente difícil saber exactamente de qué se está hablando.

En el título de este libro se ha incluido la palabra *handicapped* por ser ésta una palabra que se comprende internacionalmente.[1] En el

1. Efectivamente, el adjetivo *handicapped* y el sustantivo *handicap* han pasado, sin o con una ligera modificación, del inglés a otras lenguas como, por ejemplo, al francés, pero no al español. Desde la Segunda Guerra Mundial la bibliografía en lengua inglesa viene siendo dominante en muchas áreas de conocimiento, y las demás lenguas cultas vienen haciendo un esfuerzo por equiparar muchas de sus expresiones a las del inglés. Hace unas dos décadas algunos profesionales de habla española creyeron necesario inventar el neologismo «discapacitado» para traducir literalmente la palabra inglesa *disabled*, y el neologismo «minusválido» para traducir (no literalmente porque ello no habría sido posible) el vocablo inglés *handicapped*. A

libro se usan también otras expresiones, como «dificultad de aprendizaje» (*learning disability*) y «deficiencia», «retraso» e «impedimento
mental» (*mental handicap*).[2] A veces utilizo como sinónimas las expre-

---

ambos neologismos se les atribuyó la ventaja añadida de servir para sustituir palabras
tradicionales (como «inválido», «impedido», «deficiente», etc.) que los avances de la
rehabilitación y el empleo indiscriminado y abusivo de las mismas en el lenguaje vul-
gar habría aconsejado desechar por inexactas o irrespetuosas. El Instituto Nacional
de Servicios Sociales y el Real Patronato de Prevención y de Atención a Personas
con Minusvalía han adoptado y en cierto modo oficializado el uso de los dos neologismos mencionados, razón por la cual los utilizamos en esta traducción. No obs-
tante lo anterior, para evitar la monotonía que supone repetir siempre las mismas palabras («discapacitado», «minusválido»), también utilizamos de vez en cuando los
antiguos vocablos españoles que todo el mundo comprende. En consonancia con lo
que dice la autora acerca de la renovación constante de la terminología, es de supo-
ner que también estas nuevas denominaciones acabarán adquiriendo su carga peyo-
rativa y terminarán a su vez teniendo que ser sustituidas por otras nuevas. Para que
el lector comprenda el significado exacto de dichos neologismos, doy a renglón seguido su definición tomada de los textos oficiales:
    —**Discapacitado** es quien tiene alterada o suprimida alguna capacidad
normal fisiológica o psicológica.
    —**Minusválido** es quien por causa de su discapacidad se encuentra en si-
tuación de desventaja para algo. Se ve que hay una diferencia de matiz entre las dos
expresiones y que la palabra «minusválido» resultaría útil sobre todo en un contexto
social. Sin embargo, la diferencia de matiz no siempre aparece clara y es frecuente
que ambas expresiones sean utilizadas de modo sinónimo, lo que también sucede en
inglés con *disabled* y *handicapped*. *(N del T.)*
    2. A lo largo de una buena parte del texto la autora emplea eufemística-
mente la expresión *learning disability* refiriéndose a casos que por el contexto se ve
que son de *mental retardation*. Los eufemismos son frecuentes en el mundo de las discapacidades y de las minusvalías pero en la traducción al español no podemos hacernos eco de ese eufemismo en particular porque no se usa en español y el lector no
lo comprendería. *Learning disabilities* son trastornos con entidad propia que en español se conocen como «dificultades de aprendizaje», expresión que de ninguna manera podría ser utilizada sistemáticamente en lugar de «retraso mental». Por eso hemos traducido el ubicuo *learning disability* de la autora por las expresiones españolas
que corresponden a cada ejemplo (que en unos casos son verdaderas «dificultades de

siones «discapacidad física» (*physical disability*) y «minusvalía física» (*physical handicap*).[3] Los términos «ligero», «severo» y «profundo» describen la gravedad del deterioro.

Los padres, los profesionales y las propias personas discapacitadas se muestran a veces muy tajantes acerca de qué expresiones son las que hay que utilizar. En las relaciones personales es cuestión de cortesía utilizar las expresiones preferidas por los interlocutores pero a la hora de escribir un libro hay que seguir el lenguaje más correcto y aceptado profesionalmente. Sentiría que alguien se sintiera ofendido por las denominaciones que utilizo en este libro. La realidad es que se van sucediendo todo el tiempo modas nuevas en el uso de denominaciones y que no podemos hacer gran cosa por evitar que ello sea así.

---

aprendizaje» y en otros son «retrasos mentales»). En los casos más dudosos, hemos recurrido a la expresión general «discapacidad mental». *(N del T.)*

3. En la nota 1 ya mencionamos que lo mismo hacen muchos autores en español. *(N del T.)*

INTRODUCCIÓN

Tu hijo minusválido es, por encima de cualquier otra consideración, tu hijo; un niño que tiene las esperanzas, los temores y los problemas que tienen todos los niños; y que tiene también, como todos ellos, su propia personalidad. En muchos países un niño minusválido tiene hoy muchas más posibilidades de las que otros tuvieron en el pasado. Hoy se es más consciente que antes del potencial que hay en cada ser, independientemente de los defectos mentales o físicos que tenga. Las familias, las escuelas, los hospitales y las residencias son más conscientes hoy que en el pasado de que los niños tienen, además de las conocidas necesidades médicas y educativas, necesidades emocionales muy importantes.

Niños y adultos discapacitados tienen hoy más probabilidades de vivir muchos años que antes. En algunos países se han creado muy recientemente programas especiales para ellos, y algunos hospitales han sido transformados en comunidades residenciales que proporcionan a seres muy necesitados de protección un ambiente más enriquecedor que el antiguo. Todo ello ha venido a aliviar algo el temor de muchos padres por el futuro de sus hijos, temor frecuentemente expresado en la pregunta «¿Quién se ocupará de mi hijo cuando yo ya no pueda?». Desde luego a todos los padres nos preocupa lo que será de nuestros hijos cuando seamos demasiado viejos o muramos, pero la preocupación es mayor si tenemos un hijo severamente discapacitado.

Planear el futuro da cierta confianza a toda la familia, sobre todo si uno de sus miembros necesita cuidados especiales de modo permanente y el apoyo de los demás para sobrevivir. En realidad, hacer planes para la vida de los hijos es algo que a todos los padres nos gusta hacer, y es una actividad que va necesariamente ligada con el hecho de ejercer de padres. Planear el futuro no se limita a cuestiones prácticas sino que incluye también la preparación emocional necesaria para hacer realidad las esperanzas.

«Mi hija mayor vino al mundo sin ninguna dificultad y ha hecho sus estudios también sin problemas. Mi hija menor tiene parálisis cerebral y dificultades físicas y mentales desde el nacimiento. En nuestros planes para la mayor había escuelas primarias y secundarias de nuestra elección e incluso estudios universitarios, que ahora acaba de terminar. En los planes para la menor incluimos la logopedia, la fisioterapia y la mejor escuela especial que pudo encontrarse. Quisimos que las dos desarrollaran todo su potencial. Joan, la mayor, obtuvo ese año en la universidad una de las mejores notas de la clase en Historia. Julie, tras años de timidez por causa de su defecto del habla, dio una conferencia en su Escuela de Formación Profesional. Con esos dos éxitos ha terminado este año feliz.»

Los padres de Lynette, una niña con discapacidades múltiples, tenían otro tipo de expectativas. La niña no tenía posibilidad de hablar, no veía ni oía, y las piernas no la sostenían. «Sus únicos sentidos útiles son el del tacto y el del olfato, y nuestros esfuerzos se centraron a hacer todo lo posible por crearle el entorno que mejor desarrollara esos sentidos.» Gracias a los fondos recaudados por los padres de todos los niños de la escuela, Lynette ha podido disfrutar de una unidad especial hecha según el modelo holandés de *snoezelen* en el que se producen cambios de temperatura y se pueden tener experiencias olfativas y táctiles. «Contemplarla en su arnés especialmente diseñado para el "jacuzzi" y verla meter los dedos en el agua y sonreír nos hizo tan felices como ver a su hermano marcar un gol en las finales de fútbol del curso.»

Los padres se hacen determinadas ilusiones acerca de cada uno de sus hijos y procuran trazar para ellos los planes que creen más ajustados a sus defectos y a sus méritos. Este libro intentará ayudarte a que veas con un realismo aún mayor los problemas y las posibilidades propias de tu hijo.

Si tienes un hijo afectado de una discapacidad o minusvalía, este libro te ayudará a comprender tus emociones y a superarlas. Aunque te parezca que estás solo o sola, no lo estás en realidad. Todos los que no forman parte de la mayoría considerada «normal» —sea por razón de raza, de religión, de clase social, o por causa de una minusvalía física o mental— tienden a sentirse muy solos. En el Reino Unido hay actualmente seis millones y medio de personas, entre niños y adultos, que viven con alguna clase de discapacidad, y son unos 360.000 los niños discapacitados que nacen todos los años. Se calcula que más del 1 % de todos los recién nacidos en el mundo tiene alguna clase de discapacidad. Si a ellos añadimos los miembros de sus familias, los amigos y los profesionales que tienen relación con ellos, veremos que formamos parte de un colectivo de muchos millones de personas interesadas en cambiar positivamente las actitudes de la sociedad y en promover la provisión de los servicios necesarios.

Casi todas las organizaciones importantes que existen para beneficio de personas discapacitadas han sido creadas por iniciativa de los

La escuela para niños con discapacidades mentales graves a la que asistió Maureen no ofrecía clases de educación sexual ni enseñaba en qué consiste ser madre ni a desarrollar estrategias para relacionarse con los demás. Pero sus padres reconocieron en todo momento sus grandes cualidades personales y le permitieron desarrollarse emocionalmente y convertirse en una persona adulta que sabe lo que quiere y cómo conseguirlo.

John es un joven de diecisiete años que tiene parálisis cerebral y leves dificultades de aprendizaje. He aquí lo que nos dice:

«Lo que quería era salir con mi silla de ruedas yo solo. Ir a las tiendas y al parque. Quería ser yo quien decidiera cuándo iba y no tener que esperar a que alguien tuviera tiempo de llevarme. Tenía mucho miedo de no acordarme de los sitios por donde era menos peligroso cruzar. Tenía miedo de caerme de la silla o de que un coche me atropellara. Temía que al estar sentado tan bajo no me vieran desde el otro lado del mostrador, o que por mi defecto del habla no me entendieran. Pero acabé decidiéndome. Me fui por espacio de veinte minutos. Como la silla no es eléctrica los brazos me dolían. Pero fui. Entré en el ascensor, le di al botón, bajé y salí a la calle, la atravesé y llegué al supermercado.»

Lo que John quería se encontraba a su alcance. No lo habría estado si la familia hubiera seguido viviendo en el piso de la casa que ocupaban antes. Allí un arquitecto ignorante de las necesidades de las personas discapacitadas había instalado un ascensor que tenía los botones situados tan alto que no se podía llegar a ellos desde una silla de ruedas. Los buenos oficios del médico de cabecera y de la asistente social hicieron que la familia pudiera mudarse de casa, y la habilidad de John hizo el resto. La municipalidad comprendió entonces que todos los nuevos edificios que se hicieran deberían ser arquitectónicamente accesibles a las personas discapacitadas.

Los logros alcanzados por Maureen y por John pueden servir para recordar a otros padres que la existencia de una discapacidad no quiere decir necesariamente que no se pueda llegar a vivir con ella una vida plena. Por el contrario, hay veces que la personalidad de un hijo discapacitado es tal que proporciona a los padres más placer que las de otros hijos considerados normales.

Conviene saber que para que los padres puedan llegar a apreciar todo lo que puede haber de positivo y de esperanzador en un hijo discapacitado tienen que haber dado suelta antes a sus sentimientos de dolor.

No es lo mismo tener un cuerpo gravemente discapacitado pero una mente intacta que tener una mente gravemente afectada, aunque el cuerpo sea normal. Si se tienen impedimentos de los dos tipos, es decir, físicos y mentales, como Lynette, entonces las metas a las que se puede aspirar serán otras. Este libro no podrá ocuparse de todos los tipos de discapacidades que existen. Pero hay asuntos y cuestiones importantes que nos interesan a todos. ¿Cómo comunicarnos con un niño que no puede hablar? ¿Cuál es el mejor entorno para él? ¿Cómo medir los cambios y el grado de desarrollo cuando las referencias no son las normales? ¿Qué se siente cuando se es diferente?

CAPÍTULO PRIMERO

EMBARAZO Y TEMOR
A TENER UN HIJO ANORMAL

El psicoanalista Donald Winnicott dijo que no se puede considerar al bebé como un ser aislado, que el bebé constituye siempre una unidad con la madre. Sin la persona que le dé los cuidados básicos el recién nacido no puede sobrevivir. Eso es más verdadero aún, si cabe, cuando se trata de un bebé con una discapacidad. Antes de comprender emocionalmente a su hijo y de poder ir entendiendo su desarrollo, los padres de un bebé discapacitado tienen que comprender el impacto que la discapacidad ha hecho en ellos. Una vez que lo hayan comprendido, lo demás se reduce a ir viviendo los altibajos que se dan al criar un niño en cualquier familia. Todos los demás libros de esta colección sirven también para el caso de que el hijo sea minusválido, en cuyo caso pueden ser leídos conjuntamente con este otro que el lector tiene ahora entre sus manos. Lo que este último tiene de especial es que hace resaltar las dificultades emocionales y ambientales que se presentan cuando existe una minusvalía.

En una clase de gimnasia para mujeres embarazadas, Anna, una de ellas, anunció muy contenta que los suegros le habían regalado una magnífica cuna. Tras hacer un elogio del color, de la forma y de todos los extras útiles que la cuna tenía, se apresuró a decir: «pero no quiero que me la traigan a casa todavía». «¿Por qué no?», preguntó una amiga. «Por si acaso», respondió resueltamente. Se hizo un silencio. Ese corto mensaje en código fue comprendido al instante. Una cuna es para un bebé vivo. Hasta que el niño nazca el regalo será inoportuno. Hasta podrá ser visto, irracionalmente, como un regalo de mal agüero.

Ese tipo de conversación es muy frecuente en el mundo desarrollado. Nunca se está seguro de cómo puede terminar un embarazo. A pesar de todos los adelantos médicos sigue existiendo la posibilidad de aborto, tanto temprano como tardío. Algunas parejas tienen la creencia supersticiosa de que desear el niño con demasiada vehemencia puede causar su muerte.

Nadie se atreve a hablar en voz alta de la posibilidad de que el feto pueda morir antes de nacer. «Ahora que ya hemos pasado el tercer mes está más seguro», dijo una mujer. Del feto en el vientre se habla en términos cronológicos. Es raro que se hable de él con más detalle.

Mayor tabú aún que la muerte del feto produce su nacimiento con alguna anormalidad. Por mucho amor que el niño inspire, por muchos signos que dé de tener virtudes extraordinarias y por muy importante que sea el vínculo que le une a los padres, hay que reconocer que pocos padres verán con placer tener un niño anormal.

Cuando el hombre y la mujer esperan un niño desean que éste sea por lo menos tan inteligente y tan sano como ellos mismos. Por mucho que nos esforcemos en introducir toda clase de gradaciones en lo que debamos considerar normal, la realidad es que nunca llegamos a convencernos del todo. La mayoría de los padres creen al principio que si el niño ha nacido con una discapacidad —sobre todo si es mental o múltiple— es porque algo ha ido mal. Digo «al principio» porque en muchos casos tras el estupor inicial el niño se convierte en el miembro de la familia que tiene derecho a ser. «Ahora me avergüenza recordar lo que sentí cuando nació Zoe», dice Kay, cuya hija, Zoe, nació con síndrome de Down. «Ahora la niña es simplemente Zoe. Tiene días buenos y días malos. Puede ser odiosa y puede ser encantadora, mientras que al principio no era más que una cosa.»

Toco estas cuestiones dolorosas al comienzo del libro porque si no se las sitúa desde el primer momento en su justo lugar no se podrán enjuiciar bien los placeres y a las tensiones que viviremos después como padres.

«Si todo va bien»

«Si todo va bien», dijo Mary, «el niño se quedará con mi cuarto de estudio, y cuando cumpla los dos años irá al parvulario que hay a la vuelta de la esquina».

«Si todo va bien» suele ser una frase esperanzadora que oculta toda clase de temores de posibles anormalidades. Los padres sienten necesidad de fantasear y de anticipar el futuro. Imaginamos cosas con muchos años de antelación. Mientras tales fantasías no se conviertan en modelos fijos pueden ayudarnos a ir representando nuestro papel de padres. Cuando imaginamos qué aire tendrá nuestro hijo, cómo será de inteligente, qué estudios y qué relaciones tendrá, estamos ejercitando tareas de padres y disfrutando anticipadamente de las diferentes etapas del crecimiento del niño y, de esa manera, nos vamos preparando para ellas. En sus fantasías, pocos serán los padres que imaginen a su hijo sentado en una silla de ruedas, ciego o con un grave retraso mental, o que imaginen un hijo adolescente autista o un hijo ya adulto y

tan gravemente discapacitado que no pueda comer, lavarse ni vestirse
solo.

«No quiero oír hablar de eso»

Joan era una mujer poco corriente. «Cada vez que el embarazo avanzaba un mes yo buscaba en un libro de medicina qué compli-
caciones podían producirse en esa etapa. Quería estar preparada para
todo lo que pudiera ocurrirle al niño. Me dedicaba a observar a todos
los niños minusválidos que veía en el parque o en la calle.» En las sesiones prenatales se encontró con que las demás futuras madres no
querían ni oír hablar de la posibilidad de tener un niño minusválido.
«Una, que era amiga mía, me dijo que bastaba con mencionar el asunto para que todas se deprimieran, y que aquello podía afectar a los
niños en el vientre.» Era la misma clase de pensamiento mágico que
indujo a Anna a no querer tener la cuna en casa hasta que el niño hubiera nacido.

Estar preparado para toda eventualidad

Las mujeres se preparan de maneras muy distintas para el nacimiento del hijo y para la posible eventualidad de que el hijo nazca con
una anormalidad. Janet tenía treinta y cinco años cuando dio a luz a
una niña con síndrome de Down. «Durante todo el embarazo evité
pensar en la posibilidad de cualquier anormalidad. Por la edad que tenía, el médico quiso que me hiciera las pruebas de detección precoz. Sin embargo yo no quise hacérmelas, porque hacerlas significaba
pensar más seriamente en la posibilidad de que pudiera haber una anomalía. Nadie en mi familia ni en mi círculo de amistades había tenido
nunca un hijo minusválido y yo no quería ni imaginar que pudiera tener uno.» Tras el nacimiento de Linda, Janet sufrió muchísimo durante tres semanas pero luego, de pronto, se quedó asombrada al darse
cuenta del vínculo tan fuerte que había ido desarrollando hacia la niña.

«Ahora Linda tiene diecinueve años, sabe leer y escribir y sabe cocinar, conoce muy bien el carácter de cada persona y tengo muchas esperanzas de que un día se case.»

Janet sabe que no se preparó para la posibilidad de tener un hijo minusválido. Sin embargo es posible que al no querer hacerse los análisis estuviera tomando subconscientemente la decisión de tener al hijo con o sin minusvalía.

Hay mujeres que saben que ellas mismas o su pareja tienen toda la fuerza personal necesaria para salir adelante con cualesquiera que sean los problemas que el niño les acarree. Otras saben igual de bien que no serían capaces. Los distintos países ofrecen diversas clases de recursos a las familias que tienen un niño minusválido. Agneta, en Suecia, no se sentía preparada para tener un hijo minusválido. Sin embargo, un asesoramiento precoz, una ayuda financiera estatal y unos servicios de apoyo excelentes, hicieron que la situación cambiara radicalmente. Tampoco Pauline, que vivía en una barriada del centro de Londres, tenía ninguna preparación para recibir a un hijo minusválido. No recibió ni asesoramiento ni ayuda financiera. Tampoco pudo conseguir ninguna guardería que ofreciera cuidados especiales. Los recursos a los que tuvo acceso se limitaron al seguimiento del desarrollo físico del bebé, pero eso no cubría las demás necesidades, por lo que Pauline tuvo que dar al bebé en adopción.

El factor suerte

Mary tenía diecinueve años, era soltera y se había quedado embarazada de un borracho al que conoció en una fiesta. A los nueve meses nació Sarah, una niña enteramente normal. Nora tenía veintiséis años, era casada y se había quedado embarazada justo cuando ella y su marido lo habían deseado. El hijo, Steven, nació con una rara anormalidad cromosómica. Sandra tenía cuarenta años, era casada y

cesitarán educación especial. A los gobiernos les compete sentar prioridades económicas, mientras que los padres y los médicos se enfrentan a otros dilemas. Es fácil criticar un gasto médico tan elevado cuando no es nuestra propia familia la que se beneficia de él. Además, aunque no sepamos cómo, es seguro que muchos debemos la vida y la salud a investigaciones que un día fueron condenadas como innecesarias.

La familia Johnson está agradecida al hospital que hizo posible que su hijo sobreviviera. Benny no pesó al nacer más que 750 gramos. «Como un paquetito de azúcar», dice él. Pasó los primeros meses de su vida en una incubadora, pero los padres permanecieron a su lado y el equipo médico tuvo la buena idea de mantenerle acostado sobre una piel de cordero. Era seguro que padecería una invalidez física y mental, pero aún así todos, los padres y el equipo médico, estaban orgullosos de la capacidad de resistencia del niño y del esfuerzo desplegado por todos para ayudarle a sobrevivir.

Cuando se lo llevaron a casa la situación cambió. «En el hospital nos sentíamos todos parte de una misma familia. Todos compartíamos los esfuerzos de Benny por salir adelante. Nos sentíamos respaldados en todo momento, día y noche. En el momento en que llegamos a casa todo cambió. Hasta alguien llegó a llamarme egoísta por desear que el niño viviera, teniendo discapacidades tan graves, y a echarme en cara que todos esos recursos públicos puestos a nuestra disposición estaban gravando las arcas del Estado.»

A los padres se les puede acusar de egoísmo tanto si quieren que el niño sobreviva como si no lo desean. David y su mujer no tuvieron opción. No tenían más que alrededor de veinticinco años cuando les nació una niña afectada por graves anormalidades. Como los dos estaban en una edad ideal para tener niños no se hicieron exámenes de detección precoz. Hablando de esas cosas con un grupo de padres de niños minusválidos, David dijo: «Si quieren que les diga la verdad, aunque ahora amo a mi hija si entonces hubiéramos sabido que iba a tener síndrome de Down mi mujer habría abortado».

Las madres que pasaron la rubeola durante el embarazo y que no quisieron abortar o que no pudieron hacerlo por vivir en un país en el que el aborto es ilegal, sufren mucho al tener que hablar de estas cosas. En la misma medida sufren los niños y los adultos nacidos con minusvalía mental o física.

Emma, una joven con síndrome de Down, decía: «Me siento muy triste cada vez que en la radio o en televisión se habla de los exámenes de detección que se hacen para que gente como yo no llegue a nacer. Se creen que como tengo deficiencia mental no comprendo nada, pero sí lo comprendo». Flora, una joven universitaria afectada de graves discapacidades físicas, dijo: «No puedo soportar eso de los análisis para ver si hay "problemas" con el feto, que van encaminados a eliminar a gente como yo».

Los exámenes que pueden conducir a aconsejar el aborto provocan emociones muy fuertes. La actitud frente al aborto varía en los distintos países. En el Reino Unido existe desde 1967 la posibilidad de abortar legalmente si dos médicos certifican que el embarazo supone un peligro para la vida de la madre, para su salud física o mental o para la vida familiar, o si existe riesgo importante de que el niño nazca con un defecto serio físico o mental.

En todos los países y por parte de las distintas religiones se mantienen opiniones muy tajantes acerca del aborto. Incluso dentro de un mismo país puede haber muchas opiniones. El hijo de Jean nació con fibrosis quística. «Cada vez que me entero de que alguien ha abortado por saber que el niño iba a ser minusválido me pongo descompuesta. Unas veces les envidio porque no van a sufrir como yo y otras veces les compadezco. En los dos casos: en renunciar a una vida y en soportar una vida minusvaluada, hay un coste que pagar.»

El embarazo, el dar una vida y el terminar con una vida, son, los tres, sucesos muy importantes. Dos personas empezaron uniéndose con grandes esperanzas y, de pronto, ocurre algo que no es normal. Es difícil de aceptar. Sin embargo, a través del reconocimiento del dolor se pueden llegar a sentir placer verdadero y amor. Para las pocas situaciones en las que eso no sea posible habrá que pensar en soluciones alternativas.

CAPÍTULO SEGUNDO

EL HIJO MINUSVÁLIDO

El nacimiento
es un acontecimiento público

Ya tienes contigo a tu nuevo hijo que te acaban de entregar. Con un poco de suerte estarás rodeada de tarjetas de felicitación, de flores y de regalos. Un cochecito y una cuna estarán esperando al nuevo ocupante. También puede que haya ya otro niño tratando de dominar sus celos. Lo más probable es que haya parientes y amigos esperando para conocer al recién llegado.

El nacimiento de un niño es un acontecimiento público. Incluso en tiempos difíciles, es algo que suscita esperanza y placer. La humanidad se extinguiría si no lo viéramos como un gran acontecimiento.

Como el advenimiento de un niño sano produce tanta alegría en todo el mundo, no es de extrañar que el nacimiento de un niño que sufre o que es anormal suscite en la familia sentimientos muy dolorosos. Se pueden sentir vergüenza, culpa, miedo, compasión, rabia, asco; pero también amor. No es la familia la única que tiene esos sentimientos. A veces médicos que no han aprendido a dominar sus propias emociones y a dar el apoyo que se debe esperar de ellos contribuyen a aumentar el dolor de la familia.

Reproduzco a continuación, con permiso de ella, el relato que una madre hizo de su experiencia, que coincide con la de tantas otras madres: «La enfermera me dijo muy nerviosa que era una niña. No dijo "es una preciosa niña". Me la dio con un ademán rápido. Tampoco el médico quiso quedarse nada de tiempo conmigo. Creo que mi marido y yo echamos a la niña una mirada tan rápida como la que la enfermera nos echó a nosotros. Ahora no me lo perdono. ¡Es una niña tan encantadora!».

Mientras en todas las escuelas de medicina y de enfermería no se enseñe la manera adecuada de dar la noticia a los padres y de explicarles el diagnóstico de la manera más clara posible, lo más probable es que el dolor que sienten los padres se vea incrementado por la actitud de los profesionales.

Otra madre contó lo siguiente: «Nunca olvidaré lo que el médico me dijo. El niño estaba en su cuna al lado de mi cama en una sala llena de gente. Carraspeó nervioso y, con mucha prisa, dijo que el niño tenía varias anormalidades, que nunca sería capaz de ser independiente, que tal vez fuera mejor darlo en adopción o que tan pronto como fuera posible lo pusiera en una institución y yo intentara otro embarazo». La madre no ha podido olvidar la vergüenza que le ocasionó el que el médico la hablara de ese modo y en presencia de extraños. El hijo tiene ahora veintitrés años y vive independiente en un hogar junto con otras personas.

Hoy en el Reino Unido es raro que un médico aconseje a los padres «abandonar» al recién nacido, pero en países más pobres eso es todavía corriente. En Grecia, el doctor John Tsiantis, un pionero de la psiquiatría infantil, viene trabajando con encono para que se creen más recursos para atender a los niños discapacitados y a sus familias y no se repita la tragedia de Leros. Leros es una isla griega convertida en una colonia de deficientes mentales y que es hoy un símbolo de lo que puede ocurrir cuando no se tienen recursos apropiados para atender a los niños discapacitados. «Abandonar» a un niño discapacitado significa dejarle a merced de una institución mal equipada y de un personal mal pagado y mal preparado. Todos los países tienen su Leros.

No me estoy refiriendo a padres que en defensa de los intereses del niño deciden enviarlo a un buen internado. Cuando ni con ayuda exterior los padres son capaces de criar al niño, dejar que otros lo hagan (llevando al hijo a un internado, a un hogar de acogida o dándolo en adopción) puede ser la mejor opción, y de ella me ocuparé más adelante.

¿De qué manera deberían médicos y enfermeras darles a los padres el diagnóstico del niño? El matrimonio Patterson se quedó abatido a la vista de los defectos físicos de su hijo recién nacido (que ahora tiene cinco años). Sin embargo, aun abrumados por el dolor, comprendieron lo que el médico, lleno de empatía, les explicó. «Al llegar hasta nosotros, al hacer la visita a la sala, nos preguntó si podíamos ir a hablar con él en privado. Se informó de cuándo tocaba darle el pecho para no interferir con la toma», contó el padre. «A mi mujer, que tenía en brazos al niño, le ofreció el asiento más cómodo. Comentó que seguramente nos habríamos sorprendido al ver por primera vez el aspecto del niño. Nos explicó lo que le pasaba y lo que todo ello significaba. Nos dijo que comprendía muy bien nuestros sentimientos, que era normal que el aspecto del niño nos hubiera impresionado y que a todos los padres en esas mismas circunstancias les ocurría lo mismo. Era natural. Nos dijo que Timmy no podría tener nunca una vida normal pero que nadie podía prever el potencial que había en él, ya que ahora acababa de nacer y cada niño es un ser único. Me preguntó si queríamos que le explicara el diagnóstico a mi madre —que estaba muy preocupada— y nos dijo que podíamos volver a hablar con él de nuevo al cabo de un tiempo.»

Cuando el padre vio al hijo por primera vez, éste era para él poco más que una cosa, no lo vio aún como una persona con nombre propio. Sin embargo, gracias a la actitud cálida del médico «esa cosa» se fue convirtiendo en «Timmy», y vemos que la actitud del médico ayudó a los padres a adaptarse a la situación.

La profesora Sheila Hollins, del Saint Georges Hospital de Londres, ha desarrollado un método para enseñar a sus alumnos de medicina a comportarse de modo compasivo en los casos de niños con deficiencia mental. «Todos los estudiantes de medicina tienen que aprender a trabajar con personas deficientes mentales. Cuando les toca pasar por mi departamento su primera clase práctica, de medio día de duración, tienen que tomar parte en una escenificación en la que se supone que todos los personajes tienen alguna discapacidad mental. Un ejercicio así, que es una actividad lúdica, les predispone a ver las minusvalías con otros ojos. Además, cada estudiante tiene que hacer el seguimiento de una persona discapacitada mental observando su vida en el hogar e informándose de qué cosas le gustan y cuáles le disgustan. Eso sirve para que los estudiantes comprendan cuál es la calidad de vida que esas personas pueden llegar a alcanzar, mientras que antes de eso los estudiantes veían la discapacidad solamente como algo que diagnosticar y combatir.

«Sabía que había algo anormal»

Ya he dicho que está mal que los médicos no expliquen a los padres de modo compasivo y en privado el alcance del diagnóstico y el pronóstico del caso. También los padres se angustian cuando ven que hay algo anormal que a los médicos se les escapa.

En muchos casos la anormalidad del niño se nota ya a primera vista, pero en otros los padres empiezan a intuir que algo no es normal antes incluso de que los médicos puedan darse cuenta. Ruth nació cuatro semanas antes de tiempo. Los médicos estaban satisfechos de la manera como la niña progresaba, pero la madre no lo estaba. «Desde el mismo momento en que la cogí me di cuenta de que algo en ella no era normal», dijo la madre. «Nadie me hizo caso. Creían que lo que me pasaba era que estaba deprimida. Uno de los médicos me dijo que yo no veía a la niña normal porque tenía sentimientos ambivalentes hacia ella. Claro que tenía sentimientos encontrados, ¿o es que no los tienen todos los padres? Pero yo sabía que había en ella algo raro, algo que no era normal, y a los médicos les costó casi un año verlo.»

Los padres no comprenden fácilmente que no todas las anormalidades pueden ser diagnosticadas en el momento de nacer. A veces no se trata de que el médico no se sienta seguro de sí y esté ocultando información, sino de que realmente no hay signos claros de nada. En esos casos puede ser útil que el médico reaccione con algo así como «Si usted cree que hay algo anormal estaremos atentos a ello aunque de momento los exámenes sean normales».

Cuando nace un niño con una anormalidad, el parto y la llegada al mundo exterior pueden ser muy penosos para el niño. Para lograr que sobreviva se le somete a veces a tratamientos difíciles. En ocasiones tiene que permanecer semanas en cuidados intensivos. La enfermedad, el dolor y las incomodidades interfieren en la alimentación y el sueño. Esos momentos, que son los que generalmente ayudan más a la unión entre la madre y el niño, pueden convertirse precisamente en los más difíciles.

«Era minúsculo, como un saquito arrugado», dice Irene. «Lloraba sin parar. Cuando le puse al pecho para calmarle —cosa que siempre dio buen resultado con mis otros niños— se puso a llorar con más fuerza. Nada de lo que hiciera daba resultado y todos estábamos cada vez más agotados. Ni dormía ni se alimentaba ni descansaba; lo mismo daba la postura en la que le pusiera.» La madre añadió que los familiares encontraban todo eso tan deprimente que dejaron de ir a verles.

Vergüenza

Un sentimiento más común pero del que se habla menos es el de vergüenza, vergüenza por uno y por la familia. Anita, madre de un niño impedido, me dijo: «Sentía vergüenza ante mi familia. Habían deseado que tuviera un hijo precioso y tuve, sí, un hijo, pero con parálisis cerebral». También temía que la existencia de un niño paralítico cerebral en la familia redujera las posibilidades de matrimonio de su hija, que era una niña normal. Esos temores y preocupaciones encuentran expresión por vías muy diversas, según la cultura y las expectativas de cada cual.

Es frecuente que los sentimientos de vergüenza causen dificultades de relación dentro de la pareja. Un hijo es un producto de los dos, y cada miembro de la pareja espera que lo mejor de él quede plasmado en el hijo. Cuando el hijo se presenta con un defecto, los padres se sienten humillados pensando que pueden haber transmitido al hijo algo anormal que existía en ellos. Si la pareja no pone en común esos sentimientos y no los elabora conjuntamente puede llegarse a una gran tensión en la relación entre ambos.

Es muy corriente que en las parejas uno de los dos diga cosas como «tu hija se porta mal» o «tu hijo es un desobediente». Es frecuente que cuando se enfadan quieran renunciar a la paternidad genética del hijo que les irrita. Si el hijo tiene una discapacidad permanente e irreparable ese deseo de renuncia se hace mucho más hondo.

Cuando la discapacidad se manifiesta claramente desde el nacimiento, los padres sufren un gran impacto pero después, si las cosas no empeoran, se recuperan. Por su parte, el recién nacido es capaz de soportar muchísimo. Lo más grave para el hijo y para los padres es que el impacto no se vaya atenuando. Los ojos de la madre son el primer espejo en el que el bebé se mira. Todos los niños necesitan que ese espejo les diga que ellos son lo mejor del mundo, los bebés más bellos que hay. Si los padres están deprimidos o se sienten culpables por la anormalidad del bebé, éste se mira en unos ojos deprimidos y recibe reflejada una imagen deprimente de sí mismo. Si los padres tardan mucho tiempo en recuperarse, el bebé o el niño tarda mucho tiempo en confiar que pueda haber en él algo bueno.

Sin embargo, también es importante saber que los niños discapacitados no son los únicos que pueden suscitar una reacción así. Los hijos nacidos en una familia que no está preparada para recibirlos o contra la voluntad decidida de los padres o que llegan en un momento en que uno de los padres se halla gravemente deprimido por la causa que sea, o nacidos en un momento de ruptura de la pareja o coincidiendo con la muerte de alguien de la familia, son todos ellos niños que tienen que hacer frente a un ambiente de depresión. También en todos estos casos el ambiente puede ir mejorando.

Mary vino al mundo tardíamente, cuando los padres, Tom y Sarah, no esperaban ya tenerla ni la deseaban. Ya antes del nacimiento Sarah supo que algo anormal estaba ocurriendo. «Hacia el final del parto tuve la certeza de que algo anormal ocurría.» Sintió terror de mirar a la niña. «Me arrepentí de haber llevado hasta el final el embarazo sin desearlo. Tuve miedo de que por no haberla querido algo en ella se hubiera desarrollado mal. Cuando en un cierto momento se hizo evidente que el parto iba a ser difícil aquel sentimiento se incrementó aún mucho más. Cuando finalmente la miré no sentí ningún amor por ella. Lo único que me dije fue «bueno, no hay nada que se pueda hacer, has venido y tendremos que arreglárnoslas».

Pero Sarah no se las arregló nada bien. Tuvo una depresión posparto y Tom tuvo que cambiar de trabajo para poder estar más tiempo en casa. «Los dos estábamos enfadados con Mary por haber venido sin que la esperáramos y por haber nacido defectuosa.»

Cuando Mary tenía diez semanas la madre fue a visitar a algunas amigas que también tenían sus bebés. Todos los recién nacidos sonreían a sus madres y éstas les devolvían las sonrisas. De pronto Sarah se dio cuenta de algo en lo que nunca había reparado: que Mary no sonreía nunca ni la miraba a los ojos. Al ver la felicidad de los otros bebés en contraste con la tristeza de Mary la madre se dio cuenta de lo deprimidas que estaban las dos. «En ese mismo momento sentí un impulso amoroso hacia Mary. La apreté contra mí y le dije cuánto la quería. Ella tenía la cabeza vuelta del otro lado pero seguí hablándola y acabó por mirarme, con expresión de sorpresa. Me pareció que ésa era la primera vez que nos mirábamos de verdad la una a la otra. Una semana más tarde empezó a sonreír.»

Hay bebés con discapacidades muy graves que tardan aún más tiempo en sonreír. Pero también es verdad que en muchos de los estudios hechos sobre la edad a la que los bebés discapacitados empiezan a sonreír no se ha tenido en cuenta la depresión de la familia. Cuando Sarah superó la depresión y se sintió vinculada al bebé, Mary pudo empezar a hacer progresos.

El vínculo entre Sarah y Mary se estableció a las diez semanas, y a él contribuyó el apoyo que Tom dio a su mujer. Hay casos en los que el vínculo tarda aún más tiempo en establecerse, y casos en los que no se llega a establecer nunca.

Tensiones entre los esposos

Como dije antes, la mayoría de los padres pasan por algún momento en el que desearían no haber engendrado a determinado hijo suyo. En cualquier familia corriente los hijos dan placer a los padres y también son causa de tensiones. Pero en el momento en que se rompe el equilibrio y un hijo empieza a causar demasiada ansiedad o demasiadas dificultades se produce una tensión en las relaciones de la pareja. Por eso no resulta sorprendente que cuando se tiene un hijo afectado de grave discapacidad aumentan las probabilidades de que la unión de la pareja se rompa. Con frecuencia es el hombre el que deja la familia, incapaz de soportar el resultado de lo que su potencia sexual ha creado.

También es verdad que muchas parejas siguen unidas en esas circunstancias, aunque lo corriente entonces sea que el padre se refugie en su trabajo o en sus aficiones y deje a la mujer la tarea de cuidar de las necesidades diarias del hijo. «En medio de las dificultades económicas por las que estábamos pasando compró un coche nuevo. Mientras daba el pecho al niño le veía por la ventana lavando y sacando brillo al coche en actitud amorosa como si se tratara de un hijo, de un hijo nuevecito y precioso. Que hiciera eso me dolía muchísimo por él, por mí y por nuestra pobre niña, que seguro que se percató de que al principio no la quisimos.»

También es cierto que hay hombres que saben estar con el hijo tanto física como emocionalmente. Un padre, Graham, que trabajaba en un servicio de rehabilitación, me dijo una vez: «No sé por qué será pero el hecho es que acepté la anormalidad de Darek sin problemas. A lo largo del embarazo de mi mujer sentí que se establecía en mí un vínculo con esa criatura que aún no había nacido, y sabía que amaba ya al bebé que iba a nacer cualquiera que fuera el defecto que pudiera tener. Después del nacimiento no dispuse más que de dos semanas libres para estar en casa, pero para compensar eso ahora relevo a mi mujer de todo trabajo en cuanto llego a casa. En el curso de mi trabajo he visto muchas veces cómo los padres se desentienden y dejan todas las tareas a sus mujeres. Eso dificulta el desarrollo del niño. Yo quiero que mi hijo llegue a ser lo más independiente posible y por eso quiero darle ahora todo el tiempo que sea necesario».

Tensiones en la vida sexual

Con frecuencia, el nacimiento de un hijo discapacitado saca a la luz problemas sexuales que estaban latentes. Como la concepción del hijo fue el resultado de una relación coital, se puede originar un miedo primitivo a las relaciones sexuales. Sentimientos de ese tipo pueden ser aliviados participando en actividades de grupos de padres. A la mujer embarazada le asaltan muchas ideas como éstas de las que nunca habla con nadie: «Me habría gustado quedarme embarazada cuando de verdad "hicimos el *amor*", en vez de aquella otra vez en la que en realidad no había en mí sentimientos de amor. Me pregunto si el niño sabe eso». «¿Le habré hecho daño al feto por haber hecho hoy limpieza de toda la casa?» «¿Le afecta al feto que mi marido me grite?» «¿Me habré comido sin darme cuenta alguna mota oscura de una patata?» «¿Le habrá hecho daño al feto?» Todas esas ideas quedan olvidadas si el niño que nace es normal. Pero si el recién nacido tiene una anormalidad todos esos pensamientos se recuerdan y se vuelven contra la madre o contra el padre.

¿Tener otro hijo?

Cuando han tenido un hijo minusválido, los padres dudan sobre si deberán o no tener más hijos. La duda es mayor si el minusválido es el primer hijo. «Siempre quise tener dos hijos», dijo Mandy, «pero cuando el primero nació con una anormalidad me dije que no tendría fuerzas para tener un segundo. Sé que es poco probable que se tengan dos hijos anormales pero no fui capaz de correr el riesgo. Y aunque el segundo hijo hubiera sido normal creo que no habría tenido tiempo para ocuparme de él».

En cambio otros padres piensan que las cosas serán más fáciles creando una familia «normal» en torno al niño minusválido. «Al principio queríamos tener dos hijos pero cuando el primero, Kervin, nació con parálisis cerebral decidimos tener dos hijos más. Pensamos que siendo tres, los otros dos podrían tener cada uno un hermano normal, y al mismo tiempo podrían ayudarse entre los dos para ocuparse mejor del hermano minusválido.»

Karen tuvo un primer hijo, una niña, normal. Deseaba mucho tener un varón, y éste vino afectado de espina bífida. «Ahora dudamos entre tener un hijo más o quedarnos con los dos como habíamos proyectado al principio. No sé si el tener un tercer hijo no vendrá a ser como querer atenuar la minusvalía de Ian poniéndole un hermano normal a cada lado. ¿Sería eso como un afán por mi parte de negación psicológica de la minusvalía de Ian?»

En estos asuntos puede ser muy útil disponer de asesoramiento genético.

Cuando no se ve la luz

Emma relata: «Mi hija nació física y mentalmente anormal. Yo me esforcé cuanto pude pero fui incapaz de soportar la situación. Mi marido me había dejado. Yo me encontraba en un horrible estado de nervios y muy mal de dinero. Pero no fue eso lo que me decidió. Lo que lo hizo fue que yo sabía que no iba a poder atender a esa hija. Telefoneé a los servicios sociales y éstos fueron muy buenos conmigo. Creía que me iban a tachar de madre cruel y que me iban a pedir que reaccionara, pero no hicieron nada de eso. Sabían que yo misma temía que acabaría pegándola si su llanto no cesaba. Me pusieron en contacto con una agencia especializada que encontró a una pareja maravillosa que crió a Emma. Estamos ahora en el proceso de adopción pero aún así me dejan visitarla. Me siento muy bien cuando voy a su casa a ver a Emma y me doy cuenta de que la niña tiene una vida mejor de la que podría tener conmigo».

CAPÍTULO TERCERO

CUESTIONES DE LA VIDA DIARIA

Sobreprotección

Los primeros pasos del niño son motivo de alegría para los padres, y son también motivo de aprensión por las caídas. Poco a poco los padres se van acostumbrando a aceptar los riesgos que el crecimiento del niño trae consigo. Pero si el niño ha nacido con algún impedimento físico a los padres les cuesta más dejar al niño en libertad. A veces es muy difícil ver dónde termina lo que es legítima protección del niño y dónde empieza lo que es negar al niño la dignidad de asumir por sí mismo los pequeños riegos inherentes a la exploración de su entorno. A los padres de algunos niños discapacitados el pánico no les deja disfrutar de las etapas del desarrollo del niño. David, de cuatro años, tenía parálisis cerebral con un ligero retraso mental. Sufría frecuentes ataques epilépticos y también pequeñas «ausencias». Aunque podía andar, cuando salían de compras los padres le hacían ir sentado en su cochecito por miedo a que se cayera o a que tuviera un ataque epiléptico sobre un suelo duro. Habían alfombrado toda la casa y acolchado los picos y las aristas de todos los muebles. Habían conseguido que, efectivamente, David no se hiciera nunca daño dentro de casa.

Conocí a David en un centro terapéutico de estimulación infantil, un centro muy agradable preparado para que pudieran acudir a él libremente y sin cita previa niños minusválidos de edad preescolar. Los padres tenían a su disposición máquinas dispensadoras de bebidas y comidas, y los niños tenían retretes y lavabos adaptados a ellos y un gran terreno de juegos. El centro contaba con un equipo multidisciplinar compuesto de psiquiatra, pediatra, psicoterapeuta infantil, terapeuta ocupacional, logopeda y fisioterapeuta, al que se podía acceder sin ninguna formalidad mientras padres y niños se movían en un ambiente social en el que todos podían encontrarse.

Mientras los demás niños minusválidos se entretenían con los grandes juguetes de brillantes colores o daban pasitos por distintas partes del área, David permanecía sentado tieso en su coche al lado de su madre cogiendo la mano de ésta. De pronto uno de los más pequeños se cayó y empezó a llorar. Enseguida su madre le recogió y le consoló, y en unos instantes ya estaba el niño explorando de nuevo el terreno. David seguía clavado a su silla. Su madre le dijo: «No ha pasado nada, el niño está ya bien», mientras David seguía cogido a ella con el aire serio de estar esperando cualquier catástrofe.

Cuando se tuvo oportunidad de hablar a solas con David y con su madre se vio que el niño andaba como sobre hielo. Se agarraba con fuerza a la mano de la madre y miraba los muebles que veía al andar como si fueran sus enemigos.

Ya en el interior se reclinó en su madre hasta que ésta le cogió y le puso en su regazo. No parecía que nada de lo que había en la habitación, ni los objetos ni mi persona, despertara su interés. Estaba claro que se había puesto del lado de sus padres en su cruzada contra el peligro físico. Sin que ellos lo hubieran previsto ni lo hubieran sospechado, la curiosidad infantil del hijo fue la primera víctima de aquella cruzada.

Cuando los padres, guiados por los expertos, comprendieron que con su actitud estaban retrasando el desarrollo de David, éste empezó gradualmente a explorar su entorno y a disfrutar más de él.

Pretender que la discapacidad no existe

Una soleada mañana de sábado la familia Jenkins fue a dar un paseo por el parque del barrio. La familia era conocida del vecindario porque todos sus miembros iban con el mismo modelo de chandal, y era admirada por sus dotes deportivas. El padre hacía *footing* regularmente y era miembro veterano del club de *cricket*. La madre jugaba muy bien al tenis y ganó un maratón antes de tener a Marta. A Marta le pusieron ese nombre por una famosa campeona de tenis, aunque había nacido con una evidente discapacidad física. La madre se propuso no vivir «mártir» del hecho de tener una hija discapacitada, y tampoco quiso que la niña fuera «mártir» de su propia anomalía.

Gracias a un duro entrenamiento de fisioterapia en la casa —con la colaboración de amigos y vecinos— Marta logró andar y coordinar sus movimientos hasta un grado que ni los médicos más optimistas habrían esperado.

En aquella mañana de sábado a la que nos referimos, Marta, que entonces tenía siete años, apenas podía seguir a sus padres al paso que llevaban. Dio un último tirón con gran fuerza de voluntad y se desplomó exhausta. Volvió la cabeza e hizo un gesto de ir a romper a llorar, pero la madre la llamó con un «¡venga, Marta!» que le devolvió las fuerzas. Al pasar por delante de un banco oyó a una señora anciana decirle a otra: «Ésa es la pequeña niña minusválida de los Jenkins. Han hecho maravillas con ella. Nadie esperaba que pudiera jamás llegar a andar».

Yo no vi a Marta aquella mañana pero muchos años más tarde, cuando Marta tenía veintiocho años, me lo contó. «Nunca olvidaré aquel momento porque en él empecé a comprender a mis padres. Tenían miedo de que si hacían concesiones a mi impedimento físico destruirían cualquier posibilidad que yo tuviera de llevar una vida normal. Creían que si no se hablaba de mi dificultad ésta acabaría desapareciendo. Yo no sé qué pensar de ello. Sé muy bien que si mis padres se hubieran dejado ablandar por mi dolor físico — y tengo que decir que las marchas y la fisioterapia eran una tortura —nunca habría sido capaz de andar. Pero por otra parte el hecho de que pretendieran ignorar mi discapacidad me angustiaba mucho».

Muchos de los adultos que han logrado hacer cosas importantes a pesar de la discapacidad reconocen que han estado sometidos a ese dilema. Saben que en gran parte deben lo que son al hecho de que los padres se negaran a aceptar la existencia del impedimento, pero saben también cuánto sufrimiento les costó todo eso.

Carl sabe que si ahora es capaz de andar es gracias a que los miembros de su familia y sus amigos se esforzaron en ayudarle a ejercitar sus piernas turnándose entre ellos. Tuvo que sufrir operaciones para corregir el efecto de la parálisis cerebral en sus miembros inferiores, además de pasar algún tiempo en educación especial. «Tengo una amiga que no ha conseguido librarse de la silla de ruedas. No ha visto ni ha hecho ni la mitad de cosas que yo. Las dos estamos celosas la una de la otra. Ella habría deseado que sus padres la hubieran ayudado más a poder andar. A mí me habría gustado que los míos me hubieran dejado descansar.»

Aunque lo que estamos diciendo se refiere a discapacidades, lo mismo podría decirse de otras expectativas que tiene cualquier padre. Más de un pianista profesional ha reconocido que parte de su habilidad se debe a que sus padres le obligaron a practicar en vez de dejarle ir a jugar.

Echar la culpa a la discapacidad

En el otro extremo tenemos el caso de la familia Jackson. Son una pareja de profesionales con una hija de cuatro años, Sandra, y un hijo de dos años, Ben, que tiene síndrome de Down. Aunque la casa tiene cuatro dormitorios los padres prefieren que los dos niños compartan la misma habitación «para ayudar a Ben a ser lo más normal posible». La principal actividad de Ben es romper los juguetes de su hermana y no dejarla hacer nada. En la ocasión a la que me estoy refiriendo Sandra acaba de hacer un montaje con el lego. Es la construcción más complicada que ha hecho hasta ahora y está muy orgullosa de ella. Justo en el momento de poner la chimenea llega Ben y se la tira al suelo y hace que se desbaraten las paredes. Sandra rompe a llorar y corre hacia su madre. «Ben es malo y no le quiero. Me ha deshecho la casa. No le dejes que venga donde yo estoy.»

La madre la miró con expresión de sorpresa y reproche. «Vamos a ver, Sandra, no sé qué pensar de ti. El pobre Ben tiene síndrome de Down y no puede hacer las mismas cosas que tú, aunque querría hacerlas. Piensa cómo se sentirá. No vuelvas a decir eso de que no le quieres. Él no puede dejar de hacer las cosas que hace. Tú eres su hermanita mayor y una niña buena y deberías dejar que jugara contigo.»

La madre no se daba cuenta de que Ben era un rival de dos años que sólo quería destruir lo que su hermana mayor hiciera. Y no se le ocurría pensar que la niña necesitaba ser protegida de esos ataques. Sandra tenía que cuidar de Ben y llevar parte del peso de su minusvalía, lo cual no daba satisfacción a las necesidades emocionales de ninguno de los dos. Lo que impulsó a Ben a deshacer la casa no fue el síndrome de Down sino los celos y el que nadie prestara atención a éstos.

La familia de Marta pasaba por alto las dificultades de ésta mientras que la familia de Ben las exageraba. En las dos familias, ambas afectuosas y bien dispuestas, faltaba un equilibrio. «Ahora que mi padre tiene artritis es cuando se da cuenta de lo que es el dolor físico», dijo Marta. «Como ahora tiene que tener más cuidado con su cuerpo me comprende mejor». Sandra acabó trabajando de empleada interna en una residencia de adultos minusválidos. Está claro que su experiencia de niña le enseñó mucho. Sandra apuntaba: «Si alguien se comporta de forma grosera se lo digo; y no le digo "¡Oh, pobre, será la parálisis cerebral, o la epilepsia, o el síndrome de Down, lo que te hace proferir esas groserías!"».

Los hermanos

Los hermanos (varones o hembras) de niños y adultos minusválidos casi siempre reciben menos atención de la que necesitan. Un profesional de mediana edad me dijo: «Nunca se ocuparon de mí a título individual. Si lo hacían era en función de Edward. En todas partes me conocen como "el hermano de Edward". En el pueblo, en el trabajo, en la familia y en los actos sociales se olvidan de mi identidad personal. Casado y con dos hijos, soporto mal esa situación. No es que yo quiera hacerme valer ni ofender a mi hermano, pero es que yo soy un adulto y a los adultos no se les suele presentar a los demás como me presentan a mí. Todavía me dolía más cuando era niño. No me gustaba nada eso de ser célebre por el solo hecho de ser el hermano de alguien con retraso mental profundo. Si iba mal en la escuela los maestros me decían que me estaba volviendo como Edward. Si iba muy bien me decían que yo compensaba la deficiencia que tenía Edward. Si me enfadaba con Edward mis padres me decían que tuviera compasión de él, y si hacía caso omiso de sus actos de violencia contra mí me acusaban de ser excesivamente frío con él. Durante años le odié. No a él como persona sino por la manera en que su existencia afectaba a la mía».

Para Sarah, de doce años, la experiencia fue muy distinta. «Estaba harta de ser hija única y me puse contentísima cuando el año pasado mamá dijo que estaba embarazada. Cuando Beth nació era muy pequeñita y resultó que tenía muchas anormalidades. A todos nos pareció que daba muestras de mucho valor haciendo tanto esfuerzo por sobrevivir, y yo la quise desde el primer momento. Es mi única hermana y me molesta mucho que mis compañeras de la escuela crean que yo tendría que estar triste.»

Ben, de diecisiete años, ve las cosas de otra manera. «Cuando Danny nació con graves anomalías me volqué en él y ayudé a mamá y a papá todo lo que pude. Al principio la cosa iba muy bien, pero cuando llegó el tiempo de estudiar para los exámenes el niño me robaba un tiempo precioso. Lloraba para que me ocupara de él y cuando me encerraba en mi cuarto para poder estudiar mamá me tachaba de egoísta. Quiero marcharme de casa en octubre para ir a la universidad y sé que mamá y papá desean que vaya a una universidad de aquí para que pueda seguir ayudándoles. Me resulta muy difícil. La verdad es que siento mucho afecto por Danny, y quiero tener el día de mañana un puesto profesional al servicio de los minusválidos mentales. Admiro a mamá y papá por la manera como han luchado por Danny. Pero también habría deseado que se hubieran ocupado algo más de mí.»

En los casos de Sarah y de Ben (de los dos párrafos anteriores) había una diferencia muy grande de edad entre cada uno de ellos y sus hermanos retrasados mentales. ¿Qué ocurre cuando los hermanos son de una edad más pareja? Pasa que los celos suelen ser entonces más grandes. Se puede decir que todo niño quiere ser el más listo, el más fuerte y el más guapo a los ojos de los padres. Sería un error creer que el niño que tiene un hermano minusválido se siente feliz por ser el más perfecto. Y es que a los niños sólo les gusta ganar si es compitiendo en juego limpio. Cuando se tiene un hermano minusválido es difícil competir libremente, y ni siquiera se atreve uno a plantearse la competencia.

Los hermanos de un niño minusválido pueden adquirir trastornos emocionales que les lleven a estar tan necesitados de atención como el hermano. En otros casos los hermanos del minusválido se sienten obligados a ser «buenos» y a que los padres se sientan satisfechos de ellos. En muchos casos acaban dedicándose profesionalmente al cuidado de los demás, como hizo Sandra, o acaban convirtiéndose ellos mismos en enfermos. A los padres que cuentan con un buen apoyo por parte de amigos, familiares y profesionales les suele resultar más fácil que a los demás distribuir su atención más equilibradamente entre todos sus hijos.

Julie e Ivan Boniface son los fundadores de VOICE, una organización nacional del Reino Unido de apoyo a las familias y a las propias personas retrasadas cuando éstas son objeto de trato abusivo. Fundaron VOICE después de conseguir que la persona que infligió un trato abusivo a su hija fuera llevada ante los tribunales. Al tener que dedicar mucho tiempo a la organización, y para no dejar de dar la atención necesaria a sus propios hijos, decidieron tratar los problemas en la casa discutiendo de ellos abiertamente en el seno de la familia. Los diferentes miembros de la familia nos han autorizado a publicar los comentarios que figuran a continuación, que son una muestra de las cuestiones que afectan a miles de familias.

Gemma, hermana, 14 años

«¡Cuánto me gustaría que pudiéramos ser una familia "normal" (sea lo que sea lo que la palabra "normal" signifique) de modo que pudiéramos ir a un restaurante o de compras sin que la gente tuviera que hacer comentarios molestos sobre lo difícil que es mi hermana! La gente no sabe que mi hermana tiene un problema porque no lleva ningún cartel que diga "soy minusválida, soy diferente". A veces me gustaría que lo llevara, para que la gente no se quedara mirándola.»

Marc, hermano, 16 años

«No me gusta invitar a mis amigos a casa porque no comprenden que una chica totalmente desarrollada y de aspecto normal salga del cuarto de baño completamente desnuda y sin dar ninguna señal de vergüenza. Cuando eso ocurre mis amigos miran asombrados y con ligera expresión de sorna y yo me veo estúpido y me siento avergonzado por ella, por ellos y por mí mismo.»

Gemma, hermana, 7 años

«Mis amigas dicen que es retrasada y se burlan de ella, pero yo les digo que lo mismo les habría podido pasar a ellas o a una hermana suya, y que deberían tener consideración con ella. Les he dicho que no quiero que seamos amigas si siguen siendo así de malas e hiriendo a mi hermana.»

Alex, hermano, 5 años

«Nicole es especial y diferente de Marc y de Gemma, y la quiero porque es especial.»

Nicole hizo este comentario: «¿Por qué yo no tengo el cerebro como tú y como mis hermanos? Es triste, ¿verdad?, que yo sea minusválida».

Hablar de estas cosas entre hermanos y con los padres es muy positivo para el desarrollo de los niños. Stephanie tiene veintidós años, es estudiante de medicina y piensa especializarse en retraso mental. Dijo: «Mi hermano pequeño tiene síndrome de Down. ¡Claro que hemos tenido muchos problemas! En todas las familias hay problemas con todos sus miembros, pero con él hubo más que con otros. Mis padres siempre lo reconocieron así y nunca esperaron que nos aguantáramos cuando se ponía pesado de verdad. Él es una parte tan importante de mi vida que no puedo ni imaginar como sería mi vida sin él, y quiero ayudar a otras familias a sentir de la misma manera».

Juguetes y regalos

Una de las cosas que al principio más sorprenden por su dificultad es la de dar con los juguetes apropiados a las necesidades del niño. Como los padres todavía inexpertos se suelen dejar guiar por lo que el fabricante señala como apropiado para la edad del niño se cometen muchos errores. Pocos fabricantes tienen en cuenta las necesidades de los niños minusválidos. «Mi vecina de al lado es la persona que más nos ha ayudado», dice Susan, de treinta y seis años, cuya hija, Meg, tiene múltiples impedimentos, «pero cada vez que llega el cumpleaños de Meg se pone muy nerviosa al tiempo de entregarnos un pequeño regalo para la niña y quiere hacernos creer que sólo en el último momento se acordó de que era su cumpleaños. Tardé tres cumpleaños seguidos en caer en la cuenta del por qué de todo eso y finalmente hablamos de ello.»

La mayoría de las tiendas de juguetes no tienen juegos especiales para niños minusválidos. Muchos juguetes que serían adecuados para un determinado niño discapacitado se descartan porque la tapa de la caja lleva anunciada con grandes caracteres la edad (la edad «normal») a la que van destinados. Es cierto que esa información es útil para los padres y amigos de la mayoría de los niños. Pero resulta que puede ser también causa de dolor para los padres de niños retrasados. La vecina de al lado sabía que a Meg, que tenía ya nueve años, le encantaban las construcciones. Vio una caja de bloques de plástico de bonitos colores y ya la iba a comprar cuando se percató de que en ella estaba escrito claramente «para menores de cinco años». «¿Por qué tenía el fabricante que poner la edad? ¿No sería mejor que sólo la pusiera en el caso de que el juguete entrañara algún riesgo?»

Los libros

Otra madre me dijo que encontraba el mismo problema al comprar libros. La vista de un libro de bonitas láminas con la indicación de «para niños de siete años» la deprimía porque sabía que era para niños de esa edad normales, pero que su hijo de doce años sería incapaz de leerlo y de comprenderlo. «No voy a entrar en una tienda y reconocer que mi hijo de doce años es como un bebé de seis meses.»

Experiencias como ésas sacan de nuevo a la luz aquel primer sentimiento de vergüenza y de fracaso, y recuerdan a los padres una vez más las diferencias que hay entre el desarrollo de un niño normal y el de otro con retraso mental.

Nora, que tenía veinte años, traía un libro ilustrado para niños. Estaba orgullosa porque podía leerlo. «¿Verdad que sé las palabras?», dijo. Yo asentí. «Aquí dice que es para niños de cinco años», dijo en tono de duda. «Pues yo no tengo cinco años. Tengo veinte. Cuando tenía cinco años no podía leerlo.» Le dije que, efectivamente, era un libro difícil de leer. Que algunos niños de cinco años son capaces de leerlo pero que ella no había podido a esa edad. Que me agradaba que ella estuviera contenta de que su capacidad de lectura hubiera mejorado tanto y que ella misma reconociera no estar muy dotada para la lectura. Le dije también que era una lástima que hubiera tan pocos libros escritos para adultos como ella, libros acerca de cosas que interesan a mayores de cinco años pero escritos con palabras de fácil comprensión. Nora estaba de acuerdo con eso.

Los padres de un hijo ciego sufren al ver todos esos juguetes de preciosos colores que su hijo no puede ver. Especialmente doloroso es ver las secciones de deportes cuando se tiene un hijo que padece graves impedimentos físicos. «Lo que no podía soportar era la vista de las botas de fútbol y de las raquetas de tenis», dijo un padre. «En mi adolescencia y mi primera juventud los deportes fueron mi vida. Por eso cada vez que veo artículos de deportes me duele que mi hijo no vaya a poder utilizarlos nunca.»

El juego

«A pesar de todo, si logras superar ese sentimiento y llegas a emocionarte cuando tu hijo logra juntar dos piezas de lego o suelta una carcajada al derribar una construcción, puedes acabar experimentando un gran placer», dice la profesora Sheila Hollins, de la Facultad de Medicina de Saint Georges, de Londres. «La clave está en ver a tu hijo como realmente es y no como tú habrías querido que fuera.»

Todos los niños necesitan jugar. El juego es una manera muy buena de explorar el mundo. Con un niño que tiene discapacidades graves los padres tienen que escoger a veces entre hacer algo educativo o dejarle jugar. Cathy, una niña de seis años con discapacidad mental grave, estaba divirtiéndose pintando con los dedos y poniéndose perdida. Sus ojos brillaban de placer cuando metía los dedos en los pocillos de pintura roja y de pintura azul y los pasaba después por la gran hoja de papel blanco. «¡Oh, Cathy!», dijo la madre a modo de lamento, «A ver cómo eres una niña grande y lista que sabe pintar una casa». Al instante la expresión de placer se borró de los ojos de la niña. Hizo trizas lo que había pintado y rompió a llorar y a agitar su cuerpo en un movimiento de vaivén. El juego había terminado. No quiero decir con lo anterior que no haya también veces en las que el niño necesite que se le dirija para pasar del juego al trabajo. Sin embargo, con demasiada frecuencia padres bien intencionados van demasiado deprisa y no dejan a los niños disfrutar de momentos como el descrito.

«Los otros niños iban a jugar y yo iba a fisioterapia. Los otros niños hacían garabatos y lo ensuciaban todo y yo tenía la clase de educación especial en comportamiento social. Los otros niños jugaban a besarse dentro del armario y a mí me hacían advertencias sobre el embarazo. A mí no me llegaba nunca la hora de jugar.» Es una queja muy común.

Trastornos del sueño

Tanto los niños con deficiencia mental como los que tienen impedimentos físicos suelen verse aquejados de trastornos del sueño. Los espasmos musculares, las contracturas, las deformidades, la dificultad de moverse, son todos ellos factores que pueden contribuir a que un niño con discapacidad física duerma mal.

Se estima que más del 50% de los niños discapacitados mentales tienen graves problemas de sueño que obligan a los padres a despertarse al menos un par de veces por semana. Lo peor es que, a diferencia de lo que ocurre con los niños normales, cuyos problemas del sueño cesan a partir de cierta edad, en los niños deficientes mentales esos problemas siguen aunque el niño se vaya haciendo mayor.

La tensión que existe en la familia, que a veces viene causada por el hecho mismo de tener un hijo minusválido, acaba creando una atmósfera en la que resulta difícil relajarse y dormir. Algunos niños, como los que tienen síndrome de Down, pueden tener problemas respiratorios. Los niños con epilepsia se relajan con dificultad. Las causas pueden ser tanto psicológicas como fisiológicas.

Suele ser útil que los padres fijen con dulzura, pero también con firmeza, la hora límite de ir a dormir. En su libro *Through the Night* (*A través de la noche*), Dilys Daws trata de los trastornos del sueño en general y de cómo aliviarlos.

Conducta sexual inadecuada

Es frecuente que escuelas y padres indaguen en los consultorios especializados acerca de casos de niños que tienen comportamientos sexuales que son inadecuados en público, tales como masturbarse, desnudarse, vestirse a medias (por ejemplo, con un jersey pero sin nada debajo de la cintura). Se puede decir que todos los niños, en todas las culturas, aprenden desde la primera infancia que las distintas partes del cuerpo provocan sensaciones distintas. Pero algunos niños minusválidos llegados a una cierta edad, no aprenden las pautas sobre las partes íntimas del cuerpo que los adultos dan a todos los niños y que los demás niños asimilan. ¿Cuál es la razón?

A los tres años Kelly dejó de necesitar pañales por la noche y logró la continencia de día y de noche. Eso la enorgulleció muchísimo. Al pasar de usar el orinal a usar la taza del retrete se hizo consciente de que necesitaba mayor intimidad y pedía que le cerraran la puerta. Se negaba a que la desnudaran en público. Su hermano mayor, Joseph, que tenía cinco años, seguía usando pañales día y noche y no se sentaba en el orinal. Estaba discapacitado física y mentalmente. Mientras Kelly se hacía cada vez más pudorosa a la hora de utilizar el retrete, Joseph se recataba cada vez menos. Cuando Kelly tenía ganas apremiantes de ir al retrete y temía no llegar a tiempo se ponía a dar saltitos que su madre llamaba «baile del retrete». En cambio, Joseph se bajaba los pantalones y orinaba delante de la gente. Los padres fueron informados de que Joseph no necesitaba seguir ningún programa encaminado a educar su sentido de la intimidad. Antes al contrario, era precisamente porque conocía el significado de lo íntimo por lo que ahora quería dar al traste con ello. Su exibicionismo «desvergonzado» no era sino su manera de disimular la vergüenza que sentía por no lograr hacerse continente.

Aunque alguna vez se la pudiera ver presionando la vagina contra el borde de una mesa, Kelly exploraba su cuerpo solamente en privado. En cambio Joseph se manoseaba el pene en la clase de la escuela infantil y delante de los amiguitos de Kelly que iban a casa a merendar con ella. La familia era consciente de que si el niño hacía eso no era precisamente porque no comprendiera lo que era la intimidad.

Mandy, una niña de diez años, empezó un buen día a masturbarse regularmente en el aula, una clase de niños con graves problemas de aprendizaje. El maestro temía que pudiera llegar a ser objeto de abuso sexual. Hablando con la madre se supo que la hermana mayor de Mandy acababa de tener un hijo. «Mandy estaba preocupada con la idea de si su cuerpo sería tan normal como el de su hermana o si tendría algo que hiciera que un niño naciera anormal.» Tras mantener conversaciones con ella sobre este asunto, su ansiedad quedó aliviada y las masturbaciones cesaron.

Algunos niños retrasados mentales profundos buscan la masturbación si no acceden a otros estímulos placenteros. A veces los niños que han sido objeto de abusos sexuales se masturban en público como medio de expresar lo que les ha ocurrido. En cualquier caso, lo importante es subrayar que no es la anormalidad en sí misma lo que les conduce a la masturbación excesiva.

Gestos repetitivos

Algunos niños retrasados mentales repiten todo el tiempo ciertos gestos que resultan muy llamativos, y en sitios públicos las familias sienten vergüenza de ellos. Algunas cosas como el babear tienen un origen orgánico; pero otras como mecerse, morder, agitar las manos o golpear la cabeza, son expresión del sentimiento de vulnerabilidad.

«No quiero ir en autobús con Jassica porque todo el mundo nos mira. Tiene siempre una baba asquerosa cayéndole de la boca. Se la limpio y al instante ya está babeando otra vez. Se mece y gime, y de pronto se pone a dar saltitos tontos que llaman la atención de la gente.» No es extraño que la gente mire a alguien con una conducta tan extraña. No sabe uno qué hacer con estas personas que van todo el tiempo «dando el espectáculo». Es difícil ir con ellas de vacaciones a ninguna parte. Como alguien dijo, «debería haber hoteles y restaurantes donde se pudiera ir con estas personas en vez de tener que ir siempre a sitios en los que se lo tiene que hacer uno todo y arreglárselas uno mismo para no molestar a los demás».

No hay muchos programas de vacaciones apropiados para estas personas, pero hay al menos uno puesto en marcha por la profesora Joan Bicknell del St. Georges Hospital. También será útil informarse en las asociaciones correspondientes.

CAPÍTULO CUARTO

ALGUNAS DISCAPACIDADES ESPECÍFICAS

En este capítulo se trata con más detalle de algunas de las principales discapacidades. Su lectura resultará útil también para padres de niños que tengan otras discapacidades distintas de las que aquí se reseñan.

La ceguera en el bebé y en el niño que empieza a andar

Los bebés que no tienen otro defecto más que la ceguera se desarrollan como los normales. «Susie me sonreía aun sin poder verme, y en cambio no lo hacía cuando la cogían mis amigas. También su barboteo iba dirigido a mí», decía llena de orgullo su madre, Janice.

Janice ayudó al desarrollo de Susie animándola a que le explorara la cara con sus manitas. Cuando Janice se inclinaba sobre la niña en su cuna, le hablaba, le cogía dulcemente las manitas y se las pasaba por su cara. Otros juegos de tocar, con los pies y con las manos, contribuyeron también a que Susie se conociera a sí misma y conociera a su madre. Tocar la barba del padre constituía una experiencia táctil fascinante. John pronunciaba el nombre de Susie y le ponía su manita en su barba. Ése fue uno de los caminos para que la niña aprendiera a reconocerle. «Pronto caí en la cuenta de que si pronunciaba el nombre de Susie y acto seguido acercaba mi barba y la ponía en contacto con su manita, la niña se sentía confundida porque la barba aparecía en un sitio diferente de donde venía mi voz. Por eso ahora siempre la llamo primero y dejo que ella aprenda a localizar de dónde procede el sonido y que mueva la mano hacia él.»

El niño que ve se divierte tratando de alcanzar un juguete ya desde los cinco meses de edad, coordinando los ojos con las manos, pero el bebé ciego tiene que desarrollar la coordinación oído-mano. John dio de modo intuitivo con la mejor manera de hacerlo. Agitando un sonajero delante de la niña la animó a ir siguiendo el sonido. El bebé ciego tarda más en conseguirlo que el bebé normal, pero lo logra. También tarda más el que tiene síndrome de Down.

Más tarde, cuando el niño empieza a andar, se presenta una dificultad añadida. Los niños ciegos se angustian más que los otros cuando la madre no está a su lado, ya que no pueden guardar en la mente una memoria visual que mantenga vívida la imagen de la madre durante los momentos de ausencia. Si pensamos en cómo a los videntes les gusta tener fotografías para recordar y tener presentes en la mente a los amigos ausentes o muertos —aunque hayan sido también capaces de crear una imagen interna de ellos por el contacto visual anterior— nos haremos alguna idea de las dificultades añadidas que tiene que vencer el niñito ciego que empieza a dar sus primeros pasos hacia su independencia.

Todos los niños al empezar a andar sufren caídas y encuentran dificultades. Pero el niño vidente ve dónde están los escalones y aprende visualmente a encontrar las cosas, los zapatos y los juguetes que no están donde deberían. El niño ciego se sigue cayendo más tiempo y tiene que aprenderse la situación de los escalones, de las paredes y los muebles a fuerza de cometer errores. Una madre dijo: «No podía soportar ver a Stevie caerse. Aunque el salón tuviera una alfombra mullida y aunque Stevie estuviera empezando a aprender a andar y yo supiera que a esa edad todos los niños se caen, yo sufría cada vez que le veía caerse. Creo que luego pasé de ser sobreprotectora a endurecerme y decir que no importaba que se cayera. Afortunadamente la cosa fue mejorando a medida que Stevie fue haciéndose mayor».

Los padres tienen que aprender a dominar sus temores y a hacer que los hijos adquieran una sensación de independencia realista. La cosa se facilita si se tiene desde el principio espacio suficiente para que el niño se mueva sin obstáculos por medio, para que aprenda a sentirse seguro en el espacio antes de tener que enfrentarse a las formas de los muebles y de los demás objetos. El suelo es la base de su seguridad. La madre y el padre pueden jugar con el niño en el suelo sosteniéndolo y meciéndole en distintos grados de inclinación para acostumbrarlo a orientarse y a darse cuenta de cuál es el ángulo de caída.

El niño ciego

Cuanto más hablan los padres con el bebé antes empieza éste a comunicarse. Si no tiene otros impedimentos, el pequeño niño ciego desarrolla el lenguaje como cualquier otro niño. Sin embargo, algunos no hacen uso de todo el vocabulario que conocen más que refiriéndose a su entorno más inmediato. «A los cuatro años Jane sabía decirme que su muñeca tenía una cabellera larga y lisa recogida con una cintita de seda y que el vestido de la muñeca estaba arrugado y necesitaba ser planchado. Pero eso lo decía si tenía la muñeca en su regazo. Tardé mucho en darme cuenta de que sus períodos menos parlanchines ocurrían cuando no tenía a mano objetos de su interés», dijo la madre.

Sin embargo, cuando ya tenía cinco años, Jane dejó admirado al padre al recordarle cosas que él había olvidado. «Se acordaba de todo lo que sucedió durante las vacaciones de verano, aunque hacía ya meses de ello.»

Durante los primeros cinco años hay sobre todo dos cuestiones que interesan a los padres. Primero, porque al no ver, el bebé tiene un repertorio de expresiones algo limitado. Por eso en esa etapa es tan importante tratar de comprender su lenguaje corporal no verbal. Segundo, en los períodos en los que los padres o algún amigo no está reteniendo la atención del niño, éste puede caer en un estado de incomunicación. «James estaba sonriente contándome una historia. Le dije en un cierto momento que tenía que concentrarme un instante en lo que estaba cocinando y se quedó callado. Cuando me volví hacia él, estaba sentado en la alfombra agitando el tronco en un movimiento de vaivén. En unos segundos pasó de ser un pequeño niño la mar de atractivo a ser un niño gravemente impedido.»

Si nos paramos a pensar en cuánto dependemos de la vista para todo lo que hacemos en la vida diaria, comprenderemos el talento que tienen estos niños encontrando otras maneras de comunicarse. Eso hace también que podamos modificar el entorno favorablemente.

¿Qué puede sentir el niño si de pronto se encuentra con que le meten en la boca una cucharada de comida sin previo aviso?, ¿que le cogen de la cuna o del cochecito sin avisarle?, ¿si se da contra un mueble porque alguien lo ha dejado fuera de su sitio?, ¿si va andando a la escuela con su bastón de ciego y se encuentra con un coche estacionado en la acera interrumpiendo lo que debería ser una ruta segura? ¿Cómo será la sensación de no ver si el otro se alegra de verte o si le eres indiferente o le desagradas?

Hablar al niño amablemente y tocarle levemente antes de iniciar con él algún movimiento son cosas que ayudan a la educación y al desarrollo emocional del niño.

A dos madres, Maureen y Donna, se les preguntó cuál había sido la mayor dificultad que habían tenido en la crianza de sus respectivos hijos ciegos. Maureen dijo: «Lo que voy a decir puede parecer extraño, pero la mayor dificultad la tuve con mi gato. Siempre me han gustado los gatos pero el último que tuve, Snowy, nunca se me subía al regazo para que lo acariciara. Le gustaba corretear por la habitación. Nunca me importó que cuando estuviera viendo la televisión saltara de improviso a mi hombro. Pero mi valiente pequeña Sarah, que ha sido capaz de montar en bicicleta y de hacer toda clase de actos heroicos no pudo nunca soportar que Snowy saltara de repente sobre ella. No podía resistir no ver cuándo iba a ocurrir. Probé a dejar a Snowy encerrada en otra habitación, pero no pudo ser. Tengo amigos con niños ciegos que tienen animales de compañía, pero eso nunca funcionó con nosotros».

Finalmente Sarah acudió a sesiones de terapia para ayudarla a comprender algunos aspectos de su ceguera. Como juguete favorito para la terapia eligió un gatito de peluche y, saboreando bien lo que hacía, se lo lanzó con tino a la terapeuta. Poco después fue perdiendo el miedo a los gatos. Es muy difícil hacer frente a las agresiones cuando no se cuenta con claves visuales.

Donna habló de un problema distinto. «Sam pasaba el día bien pero le entraba un pánico cerval cuando llegaba la hora de irse a dormir. Cogía grandísimas rabietas a la hora de ir a la cama, y no fue sino mucho tiempo después cuando pudo explicar que tenía miedo de los ruidos.» Durante el día los padres, los amigos y los maestros pueden explicar cada ruido que se oiga y también pueden advertir de cuándo se va a producir un ruido. Todas las casas están llenas de ruidos —de la aspiradora, del agua que hierve, de una fritura que chisporrotea, de un grifo que gotea, de una cortina que aletea, del viento que se mete por la chimenea, etc.— en los que las personas que no somos ciegas ni siquiera reparamos.

En medio de la noche no tenemos a nadie que pueda explicarnos el significado de ruidos tales como un crujido en la escalera, un avión que pasa por encima, el trepidar intermitente del frigorífico y otros que son apenas perceptibles durante el día, sobre todo cuando todo el mundo está hablando. Contar o leer cuentos a la hora de acostarse y hablar plácidamente de las cosas del día suele ayudar a que el niño se sienta tranquilo. Como dije en el capítulo anterior al hablar del sueño, muchos niños con discapacidades diversas duermen mal. Con frecuencia se combinan la fragilidad del niño y la angustia de los padres.

El niño ciego y la escuela

Angela es maestra de niños ciegos. Le pregunté qué consejos querría dar a los padres y me contestó así:

«Una de las cosas que encuentro más difíciles es la de saber en qué medida se debe uno mostrar protector. Es fácil cuando todos están sentados en sus pupitres y las únicas cosas que se pueden mover son las que tienen encima de los tableros; pero cuando salimos, andamos y corremos tengo que reprimirme para no estar haciéndoles advertencias todo el tiempo. Creo que para los padres la tarea es aún más difícil.»

«Hay otra cosa de la que también quiero hablar, y es de los colores. Un niño que no ha visto nunca un color encuentra muy difícil comprender el concepto de color. Hay colores que no afectan, pero cuando hablamos, por ejemplo, de una noche «oscura» o de encender la luz, la clase no sabe lo que es. Un niño preguntó si no podríamos encender la luz. Como la luz estaba ya encendida le pregunté para qué lo quería y respondió: «Para que deje de llover».

«Ese niño era muy inteligente pero no comprendía el buen uso de esas palabras porque no tenía una idea visual de las mismas. Hay padres que ponen mucho empeño en enseñar a los niños a nombrar los colores correctos. Hay, por ejemplo, un par de niños en mi clase que saben los colores de todas las prendas de vestir que llevan, aunque los colores no significan nada para ellos. Los padres se sienten muy orgullosos de eso pero no hay que olvidar que entre animar al niño a saber lo mismo que los videntes saben y negar psicológicamente la existencia de la discapacidad no hay más que un paso.»

Educación sexual

A muchos niños y adolescentes minusválidos se les niega el beneficio de la educación sexual. Existe la idea extraña de que si no pueden ver, oír, hablar o andar no tendrán impulsos sexuales. John, de dieciséis años, un joven muy inteligente que acabó yendo a la universidad, dijo: «Nadie me habló nunca de mi cuerpo. Supongo que pensarían que como era ciego no podría ver que tenía un pene. Si voy a trabajar con adolescentes ciegos, quiero que tengan buena educación sexual. No saber cómo funciona tu cuerpo representa un riesgo emocional y social». Eso es igualmente cierto para los adolescentes que son retrasados mentales.

Bebés sordos

Al igual que los bebés ciegos, los sordos que no tengan otros defectos y que tengan acceso a modos de comunicación alternativos se desarrollan como los bebés normales. El desarrollo de los vínculos afectivos no se ve afectado por la sordera. Si el niño sordo no es además ciego podrá hacer físicamente todo lo que es normal. Es en la esfera del lenguaje en la que hay necesidad de trabajar más. En algunos países los niños sordos ven su impedimento muy agravado por el hecho de que no se les enseña a usar un lenguaje por señas. Así como el niño ciego necesita desarrollar la coordinación oído-mano en vez de la de la de ojo-mano, el niño sordo necesita un lenguaje por señas que sustituya al oral. El lenguaje por señas es un verdadero lenguaje y si se enseña desde el principio junto con la lectura de los labios, el niño no tiene por qué quedarse sin educación.

Durante mucho tiempo, debido a que ni los profesionales ni los padres conocían el lenguaje por señas, se creyó que los niños sordos eran mentalmente retrasados. La falta de lenguaje por señas obligaba a la mayoría de los sordos a adoptar un lenguaje ininteligible.

Parece increíble que en la Europa Occidental y en Estados Unidos estuviera prohibido hasta hace todavía muy poco utilizar el lenguaje por señas. De ocho millones de personas que hay en Gran Bretaña con discapacidad auditiva sólo 55.000 conoce el lenguaje inglés por señas. Al contrario que en el caso de muchas otras discapacidades, los expertos recomiendan que los niños sordos tengan escuelas propias para que puedan aprender el lenguaje por señas como su primera lengua.

Síndrome de Down

Al igual que ocurre en la parálisis cerebral, en el síndrome de Down se dan muy diversos niveles y clases de discapacidad. El retraso mental puede ir de leve a profundo, y puede haber además malformación congénita del corazón, problemas de audición y afecciones pulmonares. A partir de los cuarenta años hay un riesgo de padecer enfermedad de Alzheimer muy superior al de la población general. Hasta hace unas décadas las personas con síndrome de Down vivían poco más de treinta años, mientras que ahora suelen vivir hasta los cincuenta y los sesenta.

En la primera infancia los músculos son débiles y el niño tiene poco control sobre ellos. Eso y el hecho de que la lengua suele ser mayor de lo normal contribuye a que la alimentación se haga difícil y a que haya problemas del habla, aunque en esto último se hayan hecho grandes progresos últimamente.

Todos los padres pueden ayudar al desarrollo del habla del niño hablándole y jugando con él. En el síndrome de Down son útiles ciertos juegos adicionales que ayudan a desarrollar los músculos de la cara y a controlar los músculos de la lengua. Pero deben tener siempre en cuenta los padres que en éste como en todos los demás casos de discapacidad de un niño el juego *es juego* y no fisioterapia.

Un mito que familias, maestros y amigos han de desterrar es el de que los niños con síndrome de Down son todos extraordinariamente afectuosos. En mi libro titulado *Mental Handicap and the Human Condition* he expuesto cómo a muchos niños con síndrome de Down se les insta a sonreír y a abrazar a los demás sin ton ni son. Todos los individuos no son igualmente afectuosos, y no hay razón para obligar a un niño a conformarse a un estereotipo.

Una de las cuestiones emocionales más importantes que se dan en el síndrome de Down es la de saber que se tiene una apariencia diferente de la normal. Casi todo el mundo infravalora el impacto que eso tiene en la persona. Una joven me dijo una vez: «Cuando fui de vacaciones vi a alguien que era como yo». En su escuela integrada había algunos alumnos minusválidos pero ella era la única alumna que tenía síndrome de Down. A la vuelta de las vacaciones le pidió a su madre un espejo para tenerlo en su cuarto. Se pasaba mucho tiempo mirándose a la cara. Un día por fin se decidió a preguntar por qué se parecería más a aquella niña de las vacaciones que a los demás miembros de la familia.

En los trabajos de grupo de la Clínica Tavistock hemos visto que tanto un niño como un adulto lleva mal el ser la única persona de un grupo con síndrome de Down. Para sentirse mejor se necesita que sean por lo menos dos personas. A la hora de elegir escuela para su hijo los padres deberían considerar que en la escuela haya otros niños con síndrome de Down.

Autismo

De cada 10.000 niños hay aproximadamente 11 que son autistas. El autismo infantil empieza ya desde antes de los treinta meses. Son niños que tienen graves problemas de desarrollo del lenguaje, sobre todo para comprender los pronombres, como por ejemplo «tú», «yo» o «mí». También tienen reacciones que no son normales y no miran a los ojos a los demás. A veces adoptan expresiones faciales y posturas corporales anormales, frecuentemente con movimientos estereotipados. El diagnóstico de autismo infantil no suele hacerse antes de que el niño lleve ya al menos unos tres años de evolución anormal. El 80 % de estos niños acabarán teniendo retraso mental.

¿Qué efecto tiene en los padres el autismo del niño? Susan Reid, que lleva el taller de niños autistas de la Clínica Tavistock, dice: «El efecto es distinto en los padres de los niños autistas que tienen aspecto exterior normal que en los de los niños cuyo aspecto es obviamente anormal. Es frecuente que los primeros se vean criticados por la gente y tachados de padres que no saben educar a sus hijos porque les consienten hacer rarezas. Eso hace sufrir a estos padres. Algunos de los padres que acuden al taller especial que tenemos para ellos se quejan de que el diagnóstico que se ha hecho de sus hijos es demasiado rígido. A algunos se les ha dicho categóricamente que todo autismo es de causa orgánica y que no tiene cura. Eso les deja a merced de profesionales que no les ofrecen ningún alivio o, al contrario, de otros que prometen una cura completa. Nuestra opinión es que existen muchas causas de autismo, y también que, cualquiera que sea el daño orgánico, la terapia puede hacer mejorar el funcionamiento emocional. Muchos de los padres que he conocido creen que las circunstancias de la vida afectan claramente a su hijo, y algunos tienen la esperanza de que su trastorno sea de origen psicológico, porque así habría más posibilidades de corregirlo».

Discapacidades físicas

Con un poco de suerte, un niño que sufra discapacidad física pero no otros impedimentos, puede tener un desarrollo emocional normal. Sin embargo, el tiempo de hospitalización, el de separación de la familia y el dolor físico acaban teniendo su efecto aún en una familia con una buena base afectiva. Cada vez va habiendo mayores facilidades para que los niños inválidos puedan tener una vida normal. Cada vez hay más escuelas y universidades provistas de rampas y de retretes apropiados para que la educación, y en particular la educación superior, les resulte accesible.

A continuación hago un resumen de otras discapacidades y doy algunos datos sobre ellas. Informaciones más detalladas podrán obtenerse de las asociaciones especializadas dedicadas a atender a las personas afectadas de las respectivas discapacidades.

La PARÁLISIS CEREBRAL es una lesión cerebral que produce dificultad de movimientos. La lesión original está en el cerebro y es irreparable, pero en algunos casos se pueden realizar operaciones que mejoran los movimientos. La parálisis cerebral puede producir deficiencia mental severa, epilepsia y defectos del habla, pero en todo esto se dan todos los grados y algunos niños tienen inteligencia normal. Algunos casos sobrevienen después del nacimiento, por hemorragia cerebral infantil aguda, por meningitis, por encefalitis o por otras causas. Otros se deben a nacimiento prematuro, a anoxia en el parto o a infección de la madre por la rubeola o la toxoplasmosis.

La ENCEFALITIS es una infección que afecta a la sustancia cerebral. La causa puede ser el mismo virus que produce la meningitis aséptica. Puede producir hemiplejia, paraplejia, epilepsia, trastorno emocional y retraso mental.

La EPILEPSIA se presenta sobre todo en forma de *«grand mal»*, con pérdida súbita de la conciencia y convulsiones. Durante el ataque puede haber incontinencia urinaria y fecal y se pueden producir lesiones al caer. En el recién nacido los ataques epilépticos no suelen provocar convulsiones pero sí guiños de los ojos y mirada ausente, y si ocurren en los primeros días suelen deberse al traumatismo del parto. Se llama *«petit mal»* a las pérdidas frecuentes de conciencia que no van asociadas con convulsiones ni pérdida del equilibrio.

La epilepsia del lóbulo temporal va precedida de temor, sensación de olores desagradables, dolor o tintineo de oídos. Puede producir también dificultad en el habla y alucinaciones.

El SINDROME DEL CROMOSOMA X FRÁGIL se presenta en uno de cada 600 varones aproximadamente. Va acompañado de retraso mental inespecífico y está causado por un gen del cromosoma X. Ésta es la principal causa de retraso mental. La deficiencia mental suele ser grave y produce retardo del habla y del lenguaje. Entre los rasgos habituales están orejas grandes y cara alargada. Solo un tercio de las mujeres poseedoras del gen tienen retraso mental. También hay hombres portadores del gen que son intelectualmente normales. Sus hijas heredarán la mutación pero no estarán discapacitadas. En cambio los nietos tendrán grave riesgo de padecerlo. Todas las madres de varones y hembras afectados son portadoras. El conocimiento de estos hechos plantea cuestiones éticas, como son la de identificar a un joven que puede un día tener nietos afectados.

El síndrome del cromosoma X frágil conlleva también trastornos específicos del habla y del lenguaje como la ecolalia, y el tartamudeo y articulación defectuosa, más marcados que en el síndrome de Down. También agitan las manos y se las muerden, no miran a los ojos y padecen hiperactividad. En una importante reunión en Estados Unidos organizada por el doctor Randi Hagerman, del Denver Children's Hospital, se puso de manifiesto que a los padres les producía un gran alivio saber que el comportamiento anormal de sus hijos obedecía a una causa orgánica.

La HIDROCEFALIA se debe a que existe una cantidad excesiva de líquido cefalorraquídeo que produce un aumento de la presión intracraneal y consecuentemente un retraso mental que puede ser grave.

La ANOXIA NEONATAL se produce cuando el recién nacido no respira espontáneamente inmediatamente después del parto. El niño que sufre anoxia neonatal grave puede presentar más tarde signos de retraso mental, de epilepsia o de trastornos de la conducta, pero es difícil saber si el daño fue causado por la anoxia o si ésta se debió a que existía ya un daño cerebral.

La DREPANOCITEMIA o ANEMIA DE CÉLULAS FALCIFORMES es un defecto hereditario de la sangre que afecta sobre todo a personas de origen africano pero también a otras de origen asiático y de Oriente Medio. Puede causar dolores intensos, sobre todo cuando hay deshidratación, se sube a altitudes altas, durante el embarazo o después de hacer ejercicio o de hacer esfuerzos. «No me gustan los blancos», dijo un chico negro de catorce años, «porque cuando estaba en la escuela y tenía dolores el maestro me acusaba de estar fingiendo, no quería escucharme y además me mandó a psiquiatría. Fue allí donde vieron que tenía drepanocitemia y que no tenía nada mental. Si los blancos tuvieran esta enfermedad le harían más caso a uno.»

La ESPASTICIDAD es una de las manifestaciones de la parálisis cerebral. Puede darse en forma de tetraplejia (en la cual los cuatro miembros están afectados), de paraplejia (en la cual son sobre todo los miembros inferiores los afectados) y de triplejia (en la que sólo un miembro superior queda sin afectar). Se reserva el nombre de hemiplejia doble para el caso de los niños con tetraplejia espástica en los que los miembros superiores están más severamente afectados que los inferiores.

Algunos bebés tienen anoxia y traumatismo obstétrico. Otros niños tienen una enfermedad o un traumatismo en los primeros cinco años. Otras clasificaciones de la parálisis cerebral incluyen la atetosis, la rigidez, la ataxia, el temblor y la hipotonía.

La ESPINA BÍFIDA es un defecto conjunto de la columna vertebral y de la médula espinal.

La TOXOPLASMOSIS es una infección causada por un parásito que puede afectar también a casi todos los animales. Las mujeres que se infectan con este parásito estando embarazadas pueden transmitir la infección al hijo, lo que puede dar lugar a hidrocefalia, lesiones del cerebro, retraso mental grave y ceguera.

CAPÍTULO QUINTO

ACTUACIONES MÉDICAS

Operaciones

Cuando un niño nace con una grave anomalía o una enfermedad los padres pueden tener que hacer frente a dos problemas. Primero tienen que habituarse al hecho de que tienen ese bebé, cualesquiera que sean sus imperfecciones. Después pueden tener que decidir si dan o no su consentimiento para que sea operado. Dijo Tony: «Acabábamos de comprender toda la gravedad del defecto que el niño tenía. Deseé que muriera. Cuando el médico propuso una operación di mil vueltas al asunto. Si decía que no, mi problema habría terminado. Pero al final no pude decir que no. Johnny fue operado, ahora tiene ocho años y estoy muy agradecido a la operación que salvó su vida».

Las operaciones despiertan en los adultos toda clase de temores, pero ¿cómo afectan al bebé? Existe la ilusión de que como los bebés no recuerdan después nada no se sienten afectados tan negativamente por una operación como los niños ya mayorcitos. Es verdad que el bebé no se hace una idea mental del hospital y de la operación, pero no es menos cierto que la agresión a su cuerpo y a su mente queda registrada en su memoria inconsciente.

Sentir dolor

Hay muchas discapacidades que requieren operaciones. Aunque todos los médicos y enfermeras reciban una buena formación, no todos son igualmente amables o sensibles.

Una psiquiatra australiana, Averil Earnshaw, estuvo observando en varios hospitales las reacciones que las enfermeras provocaban en los recién nacidos. Notó que los bebés se sentían muy molestos cuando se les ponía el termómetro en el recto mientras que no daban muestra alguna de incomodidad cuando se les ponía en la axila. No era porque las enfermeras molestaran intencionadamente a los bebés sino porque habían sido enseñadas a tomar la temperatura de esa manera, y eso bastaba para que no les importaran los gestos de molestia que hacían los bebés. Cuando se las instruyó convenientemente, cambiaron de buen grado su manera de proceder.

Los bebés no pueden comunicarnos sus sensaciones más que a través del lenguaje corporal, mientras que los niños mayores las pueden comunicar con palabras. Naomi, de doce años, que nació con parálisis cerebral, dijo: «Me dejaron esperando en una habitación fría, vestido solamente con una especie de bata corta que me cubría muy poco, y me sentí ridículo y humillado. El médico llegó y ni siquiera me dijo quién era. Me hizo mover las piernas de una manera y de otra, haciéndome daño, y se puso a decirles a los estudiantes cosas de mí».

John, que necesitó diversas operaciones, tuvo más suerte en su hospital. «Mi médico venía siempre a decirme hola y a preguntarme cómo estaba. Siempre me explicaba lo que iban a hacer y por qué, si me iba a doler o no y cómo me sentiría después.»

Sarah, que tenía una malformación en la columna vertebral, sufrió una operación que no resultó y que la dejó parcialmente paralizada. «¿Por qué no me dejaron todos en paz? Sabía que no podía andar bien pero ya me había conformado. Eran los demás los que querían que pareciera normal. Yo no soy normal. Y ahora soy todavía menos normal que antes.»

¿Por la apariencia o por necesidad?

El comentario de Sarah plantea un problema ético muy frecuente. ¿Qué grado de discapacidad es aceptable? No siempre se puede asegurar que la operación vaya a tener éxito. A veces el riesgo en el que se incurre si no se opera es tan grande que el de la operación pasa a un segundo término. Pero hay otras veces en las que la operación se plantea solamente para mejorar la apariencia exterior.

Martin, un chico de catorce años con parálisis cerebral y ligero retraso mental, dijo: «Me hacían todas esas operaciones que dolían, dolían y dolían, pero ahora estoy mejor porque ya no tengo un andar tan raro». Esa experiencia es distinta de la de la persona normal que ha esperado años a hacerse una operación de cirugía estética para quitarse unos lunares y se siente después libre de toda imperfección. Lo más probable es que esta persona lo haya pensado mucho antes de operarse y que la decisión de operarse sea enteramente suya.

Cuando es un niño el que se opera, y no un adulto, no se puede estar tan seguro de su consentimiento. Martin estaba satisfecho porque tras la serie de operaciones dolorosas ya no tenía un andar «tan raro», pero otra niña, Mary, no lo estaba tanto, y decía: «no ando bien porque tengo una lesión cerebral. La gente me mira porque no ando bien. Me llevan al hospital y me hacen sufrir. Luego, durante mucho tiempo, no puedo andar nada. Después sigo sin poder andar bien, sólo un poco mejor que antes. Yo soy minusválida. ¿Por qué no me dejaron mis padres seguir como era? ¿Por qué me tienen que cambiar y hacerme sufrir?».

A veces los padres quieren cambiar la apariencia de sus hijos para que parezcan lo más normales posible porque no pueden soportar verlos como son. Otros padres se sobreponen a la resistencia y al dolor de su hijo porque saben que al final el hijo se habrá beneficiado de la decisión.

«Médicos y fisioterapeutas me infligieron toda clase de torturas, y luego mis padres me siguieron obligando todo el tiempo a hacer ejercicio físico. Pero cuando volví a ver al especialista que me había visto la primera vez se quedó admirado. Él había creído que yo no podría andar nunca», dijo Jeffrey cuando tenía veintitrés años.

Podríamos pensar que ese tipo de problemas tienen que ver solamente con las situaciones de minusvalía, pero la realidad es que son muchos los padres que fijan niveles de perfección para sus hijos para obligarlos a desarrollar todo su potencial. Éstas son situaciones sobre las que los hijos, los padres y los médicos deberían meditar juntos y ponerse de acuerdo antes de tomar decisiones.

Por ejemplo, en Alemania se suscitó una controversia acerca de una nueva operación que haría más normal la cara de los niños con síndrome de Down. Muchos padres dudaron de que ese proceder fuera ético. Uno de ellos dijo: «Si mi hijo tuviera un aire normal entonces las personas que no le conocen le tratarían de forma muy diferente a como le tratan ahora. Ahora se enfrenta a los demás tal como es. Sabe lo que puede esperar de los demás y los demás saben lo que pueden esperar de él. Si tuviera una apariencia normal la primera reacción de la gente sería más amistosa que ahora pero luego la gente se sentiría confusa al comprobar que no es un chico normal». Los padres de un bebé que fue operado expresaron una opinión diferente: «Ahora nos es más fácil querer a la niña, porque al mirarla no estamos viendo todo el tiempo lo diferente que es. Sabemos que es minusválida pero preferimos no tener que estar viéndolo constantemente.

CAPÍTULO SEXTO

LA ESCUELA

Muchos países crean recursos educativos adicionales para atender a niños que tienen dificultades de aprendizaje. En Inglaterra la escuela que no disponga de los recursos necesarios para atender debidamente a un alumno con dificultades de aprendizaje tiene que redactar un informe sobre las necesidades del niño, con la colaboración de los padres y el asesoramiento de un equipo multidisciplinario.

Aunque aproximadamente el 18 % de todos los niños tiene alguna necesidad especial de carácter educativo, solamente un 2 % tiene necesidades tan importantes o de tan difícil satisfacción que haga necesaria una intervención especializada fuera de la corriente.

La evaluación de las necesidades de esos niños suele hacerse a petición del psicopedagogo o del director de la escuela, pero también los padres pueden solicitarla. Una evaluación completa es un proceso largo y costoso. Los padres suelen tener que esperar al menos un mes hasta saber si se hará o no la evaluación. Si se decide hacerla, todos los profesionales que trabajan con el niño dan sus informes, y a ellos se añaden las aportaciones de los padres, que siempre son tomadas con mucho interés. Si la inspección local aprueba, redacta un informe inicial, da una copia de él a los padres y abre un período de tiempo durante el cual se pueden introducir modificaciones al informe. Al final de ese período se hace el informe definitivo, que los padres pueden recurrir si no están de acuerdo con el mismo.

La inspección local revisa el informe todos los años. Al llegar el niño a la edad de entre doce años y medio y catorce años y medio hay que proceder a una segunda evaluación.

Cada vez son más los padres que recurren a un abogado cuando estiman que el informe no ha sido adecuado o que la inspección local no ha obrado en consecuencia como debía. Abogados especializados llevan unos ciento cincuenta de estos casos al año.

En Inglaterra entablar acción legal por parte de los padres en nombre de sus hijos se ha hecho mucho más fácil desde 1989, cuando se aprobó la Ley del Niño que da derecho al reembolso de una parte de los costos de abogado.

Tony tenía parálisis cerebral y discapacidad mental grave. Los padres estimaban que su dificultad en el habla constituía el principal problema. Tony ponía mucho interés en comunicarse pero nadie más que su familia inmediata comprendía lo que decía. El informe sobre necesidades especiales apoyaba ese punto de vista y subrayaba la necesidad de la logopedia. En el área en la que Tony residía no había entonces ningún logopeda libre que pudiera ocuparse de él. Sin otra alternativa, los padres llevaron a la inspección a los tribunales para obligarla a proporcionar el tratamiento.

Elegir entre integración y segregación

En Inglaterra casi el 25 % de todos los niños minusválidos son educados en escuelas especiales, contra un 7 % en Italia y un 5 % en Estados Unidos. Cada diez años aproximadamente se produce un cambio de opinión sobre si los niños minusválidos se educan mejor en escuelas integradas o en escuelas especiales. La mayoría de los padres con los que he hablado piensan que cualquiera que sea la política escolar lo más importante es que en la escuela se respire entusiasmo, que la dirección sea buena y que la escuela mantenga buenas relaciones con los padres. Puede ocurrir que una escuela se defina a sí misma como una escuela de integración y que luego resulte que en ella un alumno minusválido se ve relegado a un rincón y no se beneficie sino ocasionalmente de un maestro de apoyo que además se ocupa poco de él. En tal caso quizá sea más útil recurrir a la escuela especial. Puede darse un área geográfica que tenga una escuela especial poco entusiasta pero que en cambio cuente con alguna escuela ordinaria cuyo director tenga muy bien organizada la enseñanza integrada. Los padres perciben enseguida si el niño se siente bien o no en su escuela. Si tienen alguna duda deberán reunirse con el maestro de la clase y, si es necesario, también con el director o con el psicopedagogo.

El psicopedagogo

Le he pedido a la doctora Sheila Bichard, especialista en educación, psicóloga clínica y una de las coordinadoras del Taller de discapacidad mental de la Clínica Tavistock, que describa las principales funciones que tiene el psicopedagogo con respecto a los niños con impedimentos físicos o mentales. He aquí lo que dice:

«El psicopedagogo forma parte del equipo profesional al que se suele encomendar la evaluación de las necesidades del niño que necesita atención especial en la escuela. El psicopedagogo examina al niño por medio de tests cognitivos. El examen incluye la capacidad de aprender una variedad de cosas por caminos distintos. Eso puede incluir habilidad verbal para expresarse, capacidad de dar sentido al entorno, capacidad para recordar hechos y para asimilar lo que se enseña en la escuela. Puede incluir también habilidades no verbales, como resolver problemas sin usar palabras (rompecabezas, juegos), habilidad para observar detalles del entorno, y otras de madurez fisiológica tales como coordinación ojo-mano que tan importante es para leer y para escribir.»

«Además, el psicopedagogo investiga si el niño tiene ansiedades o conflictos que le estén dificultando el aprendizaje. Eso suele hacerse mediante tests proyectivos, tales como dibujar o contar una historia, en los que el niño suele dar expresión a sus miedos y a sus problemas emocionales valiéndose de personajes que hablan por él.»

«El psicopedagogo interviene también para evaluar el estado de la clase y si es o no apropiada para el niño. Eso incluye saber si la clase es capaz y tiene voluntad de subvenir a las necesidades especiales del niño, lo cual incluye ausencia de barreras físicas (importante sobre todo en el caso de un niño con discapacidades físicas o de un niño ciego o casi ciego) y flexibilidad del personal y de los otros niños. Para hacer bien su evaluación el psicopedagogo tiene que pasar tiempo en la escuela observando y hablando con el personal.»

«El psicopedagogo hace esa evaluación para el informe de necesidades especiales que señala la Ley de Educación de 1981 (en Inglaterra). Una vez aprobado el informe, la escuela y la inspección escolar tienen que ajustarse a él hasta que un nuevo informe reemplace al anterior. Lo corriente es que se haga un informe del niño al principio de su escolarización oficial, y que el psicopedagogo conozca entonces a la familia. Pero también ocurre a veces que el niño asiste los primeros años a una escuela ordinaria sin mayor dificultad porque durante ese tiempo le basta el simple apoyo que el personal de la escuela le da; y que es solamente más tarde cuando empiece a dar señales de no poder con el trabajo. Esto último suele ocurrir en las etapas de transición, como son el paso del preescolar a la escuela primaria o el de la escuela primaria a la secundaria, cuando el estrés que produce un currículum más exigente y el paso a un lugar más grande, en el que hay que recordar más cosas, llega a hacerse insoportable. Es frecuente que sea en esos momentos cuando se haga necesario hacer la evaluación y el informe.»

«El informe puede aconsejar que el niño siga en la escuela ordinaria pero recibiendo algún tipo de ayuda en la clase misma o en otro lugar de la escuela que no sea la clase normal. O puede aconsejar que el niño sea trasladado a un entorno educativo especial, tal como una escuela para niños sordos, ciegos, con trastornos emocionales y de conducta, minusválidos físicos, delicados o con discapacidades mentales. El informe está siempre a disposición de los padres, quienes pueden añadir a él sus propios comentarios o pueden discrepar y decir, si lo desean, que no están de acuerdo con la escuela que proponen para su hijo. También pueden solicitar una segunda opinión si creen que la evaluación no ha sido bien hecha.»

«El trabajo del psicopedagogo incluye visitas regulares a las escuelas, tanto las ordinarias como las especiales. Las escuelas consultan con el servicio de psicopedagogía cuando ven que un niño no puede valerse bien y cuando necesitan asesoramiento sobre el currículum, sobre dónde referir al niño, sobre habilidades sociales, etc., o si los padres solicitan más aclaraciones. Cuando el niño cumple trece años el psicopedagogo tiene que revisar todas las disposiciones que se hayan tomado en cuanto a sus necesidades especiales. Si en ese momento surge alguna duda el niño habrá de ser reevaluado.»

«La formación de psicopedagogo incluye un buen conocimiento de la psicología del desarrollo, de los factores emocionales que intervienen en el proceso de aprendizaje y en la familia, de los diferentes sistemas educativos y de las técnicas de consulta para tratar con las escuelas y con los padres. Sus herramientas de trabajo son los tests y la observación, sobre una base de experiencia en educación.»

CAPÍTULO SÉPTIMO

EL HIJO DE EDAD ADULTA

Independencia

Sophie, una mujer simpática de entre treinta y cuarenta años y con una carrera, se quejó diciendo: «Es increíble. Me ocupo yo sola de un negocio, un piso en la ciudad y una casa en el campo. Y mi madre me sigue llamando para decirme que me abrigue bien».

Cualesquiera que sean las circunstancias, el hecho es que nunca dejamos de ser los hijos de nuestros padres. Los adultos minusválidos no son los únicos en tener que soportar a veces la actitud sobreprotectora de los padres. A veces esa actitud no está condicionada por ninguna minusvalía del hijo. «Mi madre telefonea siempre para saber si he llegado bien a casa», dice Maureen, que está en una silla de ruedas. «Me saca de quicio, pero sé que lo mismo hace con mi hermana, que no es minusválida y además es mayor que yo».

Sin embargo, hay que reconocer que si bien es verdad que todos los hijos proporcionan a los padres una mezcla de preocupaciones y de alegrías, los padres de un niño minusválido suelen seguir ejerciendo lo que podríamos llamar paternidad activa más tiempo que la mayoría. La madre de una joven minusválida dijo: «Jean es inteligente y de fiar, pero es más vulnerable que otras. La gente ve que es diferente y la pone motes».

Cuanto más impedido sea el hijo, más duro resulta para los padres no tener que ocuparse de él. Hasta cierto punto es una suerte que sea así. Jenny tiene treinta y cinco años. No puede hablar ni por señas, es retrasada mental profunda y minusválida física. No sabe alimentarse sola, usar el retrete, vestirse ni lavarse. Sólo se comunica mediante el cuerpo, haciendo gestos claros cuando le gusta el sabor de la comida pero se queda inmóvil el resto del tiempo. Los profesionales saben que los cuidados que le dispensa su madre son mejores que cualesquiera otros que pudiera tener.

«Puede hacer menos que un bebé», dice su madre y cuidadora, que tiene sesenta y cinco años. «Me preocupa lo que ocurrirá cuando yo ya sea demasiado vieja para poder bañarla y todo eso, pero por ahora puedo hacer todo lo que ella necesita mejor que cualquier otra persona.» Los servicios sociales ya tienen decidido dónde irá Jenny cuando la madre ya no la pueda cuidar. Pero por alegre y limpia que sea la residencia donde va a ir y por competente y devoto que sea allí el personal, Jenny no podrá recibir nunca la atención y los cuidados que le prodiga su madre.

Para Stephanie la situación era diferente. Era de la misma edad, treinta y cinco años, pero sólo tenía síndrome de Down con un ligero retraso mental. Vivía con su anciana madre, de setenta y cinco años, que tenía artritis y se encontraba físicamente muy débil. «Mami dice que no puedo ir sola al anochecer porque hay por ahí hombres malos que saben que no soy como los demás, pero yo sé que lo que pasa es que quiere que esté con ella todo el tiempo porque tiene miedo a caerse.»

Los padres no se comportan igual respecto a lo que esperan recibir de los hijos el día de mañana. Es muy probable que la madre de Stephanie se hubiera comportado de modo igualmente posesivo aunque Stephanie no hubiera sido inválida. Pero los padres de hijos minusválidos ya mayores tienen que pensar en el futuro y procurar que los hijos sean lo más independientes posible. Hay muchas personas adultas, principalmente mujeres, que no se han casado y que han dedicado sus vidas a cuidar a sus padres, sobre todo a la madre, pero el hijo o la hija con algún retraso mental encuentra especialmente difícil eludir esa dedicación.

Abuelos y padres

Ocurre que los padres que se han dedicado a cuidar de un hijo minusválido y están ya acostumbrados a no tener más interés que éste, llegan en su día a la edad en la que sus amigos empiezan a ser abuelos. Eso renueva en ellos aquella antigua sensación de estarse perdiendo algo, que ya nunca podrán tener. El hijo minusválido se suele dar perfecta cuenta de la situación. A veces un hermano del minusválido se casa y tiene hijos, y eso aminora la sensación de vacío en el abuelo.

Los padres no se suelen dar cuenta de la terrible sensación de inutilidad que puede invadir a un hijo impedido, sobre todo si el impedimento es mental.

En mi libro, escrito en 1992, *Mental Handicap and the Human Condition* cito el caso de una joven gravemente incapacitada que se solía deprimir durante la menstruación. Me llevó mucho tiempo averiguar que la causa de la depresión no era otra sino que la menstruación significaba ausencia de embarazo. Sentía mucho no poder quedarse embarazada y tener que aceptar que con toda probabilidad nunca podría quedarse, y que además nunca podría física ni mentalmente ocuparse de un niño.

Sexualidad

El desarrollo sexual de los hijos trae problemas a todos los padres. Muchos prefieren que sea la escuela la que se encargue de la educación sexual. Desgraciadamente son muy pocas las escuelas que tienen cursos de educación sexual y de relaciones personales para alumnos minusválidos. Por el contrario, padres y profesionales concurren en olvidarse de que también los minusválidos, adolescentes y adultos, tienen impulsos sexuales.

En ese «olvido» participan también arquitectos y otros profesionales, de manera que no se prevén para personas minusválidas lugares de encuentro privados. En una parte de Londres los residentes se quejaron de que adultos minusválidos que frecuentaban un club local tenían una conducta sexual «impropia». Resultó que la calle y la plaza ajardinada eran los únicos lugares en los que tanto adolescentes como adultos podían encontrar un poco de espacio para ellos.

Hay clubs sociales que facilitan acompañantes y taxis para el transporte de los socios discapacitados físicos, pero una vez terminadas las actividades supervisadas se apresuran a conducir a los socios minusválidos a sus casas respectivas sin darles ningún tiempo para que se relacionen a su gusto. Los adolescentes que no tienen independencia física ni económica para ir a un cine y sentarse en la última fila, tampoco tienen muchas otras oportunidades de encontrar lugares donde cultivar una relación íntima.

Aunque la persona minusválida tenga su propio espacio dentro de la casa familiar o tenga su habitación privada en una residencia, suele estar claro que esos sitios no son para que los amigos pasen tiempo en ellos. Según explicó la empleada de una residencia, «el dormitorio es la habitación donde uno va para dormir o cuando uno quiere estar solo. Para todo lo demás hay que usar los espacios que tenemos dispuestos para la vida en común».

Unos siguen viviendo solos porque así lo prefieren o porque las cosas vienen de ese modo. Otros no se sienten emocionalmente inclinados a unirse a otra persona o no saben desplegar las estrategias necesarias para ello. Pero negar por nuestra parte la sexualidad del adulto minusválido es minar su potencial de desarrollo emocional. Eso es lo que se hace cuando, por ejemplo, se viste a una mujer minusválida de mediana edad con calcetines y se procura que se comporte como una niña.

Una de las principales razones que nos hacen tratar así a las personas discapacitadas es el temor a que puedan tener hijos. Cuando se ve a una niña de doce años besando a un amigo no se le ocurre a nadie advertirle al instante del riesgo de embarazo; sin embargo sabemos de casos en los que al ver a dos de los adultos protegidos besándose se convocó al personal del centro para decidir qué hacer con ellos. La gente saca enseguida gratuitamente conclusiones terribles.

Un joven cuya discapacidad mental no es evidente a primera vista me dijo: «Supongamos que conozco a una chica, que me gusta y que yo le gusto a ella. Salimos juntos y entonces se da cuenta de que tengo un defecto mental. Entonces se niega a seguir saliendo conmigo y yo me quedo destrozado». Yo le respondí que todavía no había encontrado una chica que le gustara y ya estaba pensando en lo que podría pasar, pero la verdad es que él no hacía sino expresar claramente los mismos temores que tenían sus padres y su asistente social.

Los matrimonios entre personas minusválidas tienen el mismo éxito, por lo menos, que los que tienen lugar entre las demás personas. El éxito en la crianza de sus hijos es comparable al que se da en otros grupos desfavorecidos.

CAPÍTULO OCTAVO

CONCLUSIÓN

Quiero recordar aquí lo que decía Maureen al principio del libro, que anhelaba amar a alguien, casarse, y tener un trabajo y una casa suya. Pues bien, lo consiguió.

Con ayuda externa, algunas personas impedidas acaban siendo capaces de realizar sus deseos. Otras no. Algunos niños inválidos serán una fuente de placer y de inspiración para sus padres. Otros serán una carga. La mayoría, como ocurre con todos los demás niños, serán una mezcla de las dos cosas.

La mayor parte de los padres logran capear el temporal que representa casi siempre sacar adelante a un hijo. Si no saben dónde esta el norte o el temporal dura demasiado, deben pedir ayuda. Puede que la ayuda no les lleve a puerto pero al menos les hará más fácil la navegación.

No hay ninguna familia que haga las cosas bien todo el tiempo. Sin embargo la clave para ir por el buen camino es simple. Con más razón aún que otros, los padres de un niño discapacitado tienen que conocer la personalidad del hijo y conocer cuáles son sus necesidades. Los padres ven de muy diferentes maneras los méritos y los defectos del hijo. Unos los toman a beneficio y otros hacen de ellos grandes dramas. La personalidad de los padres es lo que condiciona su manera de ejercer de padres. Sin embargo, dentro de cada estilo de hacer las cosas caben adaptaciones a las necesidades del hijo.

Advertencias finales

1.- Vivir con un impedimento no es lo mismo que ser santo, aunque es admirable la manera en que algunos individuos superan la adversidad.

2.- La discapacidad no es causa de mal comportamiento, aunque sí puede agotar los recursos emocionales del niño (y de su familia) y hacerle así más vulnerable.

3.- Toda discapacidad necesita atención, reconocimiento y explicación.

4.- Todo niño minusválido sabe que lo es, aunque desconozca el alcance de la minusvalía, y tiene fantasías acerca de ello.

5.- No aumentes tus dificultades y las de tu familia negándote a buscar ayuda cuando la necesites.

6.- Los profesionales que resultan indispensables para ir sacando a un niño adelante acaban desempeñando un rol parecido al de los familiares. Es importante que los miembros del equipo de seguimiento —del que, no nos olvidemos, también forman parte los padres y el propio niño o adulto afectado— se traten unos a otros con cortesía, aunque a veces rivalicen entre ellos por la dirección del caso. Todos los recursos posibles —la musicoterapia, la terapia por el arte, la terapia por el movimiento, la fisioterapia, la terapia ocupacional, el trabajo creador, la psicoterapia y el psicoanálisis, la logopedia, la cirugía, la pediatría, la psiquiatría, la asistencia social y las ayudas voluntarias— son importantes para explotar lo mejor posible el potencial que hay en cada ser humano, que es siempre un ser dotado de cualidades únicas.

BIBLIOGRAFÍA

(Puede obtenerse a través de Karnac Books, Finchley Rd, Londres, NW3 tel:071 431 1075) o Nightingale Books, PO Box Shrewsbury SYHZZ Tel. 0743236542) *Thave Diabetes,* Althea, Dinasaur Publications.

Ben (acerca de las discapacidades mentales), Bodley Head Special Situation Picture Books *Rachel* – (usando una silla de ruedas).

Nigel Snell, *Peter gets a Hearing Aid,* Hamish Hamilton.

Nigel Snell, *Ann visits the Speech Therapist,* Hamish Hamilton.

Peter, A & C. Black, *Claire and Emma,* Diane (chica sorda aprende a hablar).

Peter, A & C. Black, *Janet at School by,* Paul White (una chica con espina bífida).

Peter, A & C. Black, *Sally can't see,* Palle Petersen.

Betty Ren Wright, *My sister is different,* Raintree (acerca de las discapacidades mentales), 1981.

Hally Keller, *Cromwell's Glasses, Hippo Scholastic, 1987.* Visually impaired rabbit.